『通古察今』系列丛书

周少川 著

一代宗师：陈垣的史学研究与史学思想

河南人民出版社

图书在版编目（CIP）数据

一代宗师：陈垣的史学研究与史学思想 ／ 周少川著
. — 郑州 ：河南人民出版社，2023. 3（2024. 1重印）
（"通古察今"系列丛书）
ISBN 978 – 7 – 215 – 13040 – 1

Ⅰ. ①一… Ⅱ. ①周… Ⅲ. ①史学 – 文集 Ⅳ.
①K0 – 53

中国版本图书馆 CIP 数据核字（2022）第 245639 号

河南人民出版社 出版发行
（地址：郑州市郑东新区祥盛街27号 邮政编码：450016 电话：65788072）
新华书店经销　　　　永清县晔盛亚胶印有限公司印刷
开本　787 毫米×1092 毫米　　　1/32　　印张　8.25
字数　115 千字
2023 年 3 月第 1 版　　　　　2024 年 1 月第 2 次印刷

定价：58.00 元

序　言

　　在北京师范大学的百余年发展历程中，历史学科始终占有重要地位。经过几代人的不懈努力，今天的北京师范大学历史学院业已成为史学研究的重要基地，是国家首批博士学位一级学科授予权单位，拥有国家重点学科、博士后流动站、教育部人文社会科学重点研究基地等一系列学术平台，综合实力居全国高校历史学科前列。目前被列入国家一流大学一流学科建设行列，正在向世界一流学科迈进。在教学方面，历史学院的课程改革、教材编纂、教书育人，都取得了显著的成绩，曾荣获国家教学改革成果一等奖。在科学研究方面，同样取得了令人瞩目的成就，在出版了由白寿彝教授任总主编、被学术界誉为"20世纪中国史学的压轴之作"的多卷本《中国通史》后，一批底蕴深厚、质量高超的学术论著相继问世，如八卷本《中国文化发展史》、二十卷本"中国古代社会和政治研究丛书"、三卷本《清代理学史》、五卷本《历史文化认同与中国统一多民族国家》、二十三卷本《陈垣全集》，以及《历史视野下的中华民族精神》《中西古代历史、史学与理论比较研究》《上博简〈诗论〉研究》等，这些著作皆声誉卓著，在学界产生较大影响，得到同行普遍好评。

除上述著作外，历史学院的教师们潜心学术，以探索精神攻关，又陆续取得了众多具有原创性的成果，在历史学各分支学科的研究上连创佳绩，始终处在学科前沿。为了集中展示历史学院的这些探索性成果，我们组织编写了这套"通古察今"系列丛书。丛书所收著作多以问题为导向，集中解决古今中外历史上值得关注的重要学术问题，篇幅虽小，然问题意识明显，学术视野尤为开阔。希冀它的出版，在促进北京师范大学历史学科更好发展的同时，为学术界乃至全社会贡献一批真正立得住的学术佳作。

当然，作为探索性的系列丛书，不成熟乃至疏漏之处在所难免，还望学界同人不吝赐教。

北京师范大学历史学院

北京师范大学史学理论与史学史研究中心

北京师范大学"通古察今"系列丛书编辑委员会

2019 年 1 月

目　　录

前　言

　　陈垣（1880—1971），字援庵，广东新会人，原北京师范大学校长，是我国著名的教育家。他从 18 岁开始，先后在蒙馆、小学、中学、大学等各种类型的学校执教，从事过平民学校、工读学校、医学院、综合大学、师范大学等多种形式的教育；长期担任北京大学、北京师范大学、燕京大学、辅仁大学教授，先后出任辅仁大学、北京师范大学校长达 42 年之久。在 70 多年的教育实践中，他积累了丰富的办学和教学经验，为国家培养出大批栋梁之材。

　　陈垣先生是驰名中外的史学大师。在 20 世纪中国史学近代化进程中，他继承中国史学的丰富遗产和优良传统，吸收西方近代科学的成果，努力建设民族化的中国史学。他撰写了《元也里可温教考》《元西域

1

人华化考》《二十史朔闰表》和《中西回史日历》《校勘学释例》《史讳举例》《明季滇黔佛教考》《中国佛教史籍概论》《通鉴胡注表微》等18部专著和200多篇论文，在宗教史、元史、中西交通史、历史文献学等领域，开创性地推动了中国史学的发展。他的史学研究重视扩充史料范围，善于运用精审的历史考证解决疑难，贯通史实，并以考带论，对历史问题做出综合解释，求得通识。他的治史成就和治史方法为现代的新历史考证学奠定了基础，提供了示范。

陈垣先生是20世纪老一辈知识分子热爱祖国、献身民族复兴伟大事业的典型代表。在其学术生涯的不同发展阶段中，他始终把个人的治学目标与国家、民族的前途命运紧密结合，不断开拓创新，从而以"动国际而垂久远"的优秀学术成果，为民族复兴和国家富强作出重要贡献。他爱国求真的思想，以及实事求是、谦虚严谨、精益求精、不断创新的优良学风，形成了独具风格的"励耘精神"。

2021年是陈垣先生逝世50周年，为纪念陈垣先生，特将本人研究陈垣先生的一批代表性论文汇集成册，其中有一半是近年新的研究成果，期望能由此进一步反映本人对陈垣先生的生平、史学成就、思想和方法的新认识，以更好地继承他的史学遗产，弘扬他的"励耘精神"。

陈垣：20 世纪的历史考据大师

　　当中国史学即将告别 20 世纪的时候，人们回首 20 世纪初中国史学的近代化进程，总忘不了王国维、梁启超、陈垣、陈寅恪、傅斯年、顾颉刚等几位史学大师为推动中国史学近代化所创树的赫赫功绩。他们承前启后、会通中西，吸取近代科学的营养，开辟了史学的新时代，为马克思主义史学在中国的建立准备了条件，为中国史学的现代化奠定了基础。其中的陈垣先生则以论证缜密、建树体例、融会贯通的新史学考据独树一帜，在宗教史、历史文献学、元史诸领域进行了精深的研究，作出了典范性的贡献。

一、一位爱国学者的不倦追求

陈垣（1880—1971），字援庵，广东新会人。曾用名援国、用字圆庵，书斋号"励耘书屋"，故人称"励耘主人"或"励耘翁"[1]。陈垣自幼好学，6岁入私塾，12岁时得见《书目答问》，遂以此为师，摸索求书阅读。后又得见《四库全书简明目录》，眼界更开一层，于是泛览群籍，知识面渐宽。17岁后参加科举考试，并曾考取了秀才，但终因对八股科举腐朽程式的厌烦，放弃了科考，而将兴趣转向钻研历史和对现实政治的关注。晚年，他在回忆这段经历时以为当时虽然"白白糟蹋了两年时间，不过也得到一些读书的办法"，"逐步养成了刻苦读书的习惯"[2]。23岁，他读了赵翼的《廿二史札记》，并把此书拆开，分为"史法"和"史事"两部分进行研究。1905年，孙中山创立同盟会，民主

---

[1] 刘乃和：《陈垣的励耘书屋》，见《历史文献研究论丛》，广西师范大学出版社1998年版。

[2] 陈垣：《与毕业班同学谈谈我的一些读书经验》，《中国青年》1961年第16期。

革命风起云涌，陈垣和其他几位青年在广州创办了《时事画报》，开展反帝反封建的爱国活动。1907 年，他考入美国教会办的博济医学校。一年后，因反对教会对中国师生的歧视而愤然离校，与友人创办了光华医学院，并在这所学院继续他的学习。几年间近代医学的学习给予他严谨、缜密和条理训练，这对于他后来的治史有很大的帮助。1911 年，从医学院毕业后留校任教，同年创办进步报纸《震旦日报》。1913 年，他以"革命报人"的身份被推为众议院议员进京参加第一届国会，从此定居北京。

陈垣是抱着救国理想弃医从政的，然而在议员任上，他看到了在北洋军阀把持下政治的腐败。虽然进京前十年，他做过三届议员，还当过教育部次长，但对于时政却渐失信心。因此在从政之余，他把大量时间都用在阅读《四库全书》和积累宗教史料上。1917 年，他撰写的第一篇重要的史学论文《元也里可温考》公开出版，因其取材之广泛及对隐晦数百年的一段基督教史的揭示，受到国内外学界的高度重视。此文后又广稽材料，修订四次，定本最终题为《元也里可温教考》。这次写作的成功，成为陈垣最终弃政治史的重要契机，从此他逐步脱离政界，专心于教学著述和文化事业。

1950年，陈垣在给友人席启㴙的信中，谈到他数十年治史过程中的三次变化："九一八"以前重钱大昕之学；"九一八"后改为顾炎武经世之学，注意事功；北京沦陷后，乃讲全祖望之学，激发故国思想，以为报国之道；新中国成立后，得学毛泽东思想，希望一切从头学起[1]。按照"三变"的说法，陈垣的史学研究可以分为三个主要的阶段。第一阶段是1917年到1931年九一八事变这十几年间，他在继承以钱大昕为代表的乾嘉考据学的基础上，努力建设具有取材广博、综合分析和形成专学等特点的，具有近代史学意义的历史考证学。此期通过他的"古教四考"和《元西域人华化考》等名著，已经奠定了他在史学界的重要地位，日本著名汉学家桑原骘藏在当时则赞誉陈垣为中国史家中"尤为有价值之学者"[2]。第二阶段自1931年东北沦陷，再至卢沟桥事变以后 8 年抗战期间，面对日本的侵略，陈垣坚贞不屈，他在大学讲台上讲顾炎武《日知录》、全祖望《鲒埼亭集》，激励学生的爱国热情。此期他写出了三部宗教史专著和《中国佛教史籍概论》，一方面是他的历史考证在宗教史领域的新创获，一方面则表达了他"斥汉奸、斥日寇、责当政"的爱国思想。尤其是此期写成的《通鉴胡注表微》，更充分反映了他的爱国情操。这是一部史考和史论紧密结合的杰作，它标志着陈垣的"史学成就推进到一个新的高度"[1]。第三阶段是新中国成立以后 20 余年，他的学术思想又有较大的转变。1949 年 5 月 11 日《人民日报》刊登了他《给胡适之一封公开信》，阐述了他学习辩证唯物论和历史唯物论的愿望和体会。他不顾年高，坚持在学术上耕耘不息，在这阶段依然撰写了 30 余篇史考论文。新中国成立后，陈垣由衷地热爱社会主义新中国，并于 1959 年以 79 岁高龄加入中国共产党。1965 年写就的《两封无名字无年月的信》是他公开发表的最后一篇论文。"文化大革命"期间他心情压抑，于 1971

[1]　白寿彝：《要继承这份遗产》，见《励耘书屋问学记》，生活·读书·新知三联书店 1982 年版，第 5 页。

年 6 月去世，终年 91 岁。他一生所撰写的 18 部专著和 200 余篇论文，成为史学界乃至整个学术界的宝贵财富。

陈垣不仅是史学家，而且是教育家。新中国成立前，他曾任北京大学、北平师范大学、辅仁大学教授，并长期担任辅仁大学校长，还当过京师图书馆馆长、故宫图书馆馆长。新中国成立后，他任科学院历史所第二所所长，是第一、二、三届人大常委，自 1952 年起，一直担任北京师范大学校长。他桃李满天下，有不少学生是著名的史学家。

二、开辟了宗教史研究的道路

陈寅恪在《陈垣明季滇黔佛教考序》中说："严格言之，中国乙部之中，几无完善之宗教史，然其有之，实自近岁新会陈援庵先生之著述始。"[1] 这是对陈垣开拓近代宗教史研究领域之功的一个准确评价。陈垣的宗教史研究关注各教的兴衰和传播，而不研究各教的

---

[1] 陈寅恪：《陈垣明季滇黔佛教考序》，见《金明馆丛稿二编》，上海古籍出版社 1982 年版，第 240 页。

教义。他研究的范围非常广泛，无论是历史上外来的古教，还是世界三大宗教、产生于中国的道教，都有专深的著述。从他的第一篇重要论文《元也里可温教考》起，他又连续写了《开封一赐乐业教考》《火祆教入中国考》《摩尼教入中国考》等几篇分别考证犹太教、火祆教和摩尼教的宗教史论文，合称为"古教四考"。他编有《道教金石略》，抗日期间又完成了《明季滇黔佛教考》《清初僧诤记》《南宋初河北新道教考》等"宗教三书"和《中国佛教史籍概论》，对佛教和道教进行了深入的研究。他还撰有《基督教入华史略》《回回教入中国史略》等研究基督教和伊斯兰教传播史的论文，以及大批研究宗教人物事迹的篇什，仅基督教史方面的研究，就有论文 30 多篇，宗教史研究是陈垣史学的重要方面。

在宗教史研究领域，陈垣以其缜密的历史考证所向披靡，攻克了道道难关，解决了许多历史疑案。与乾嘉诸老的考据学相比，陈垣的历史考证极大地扩充了可资利用的史料范围。综观他所作的"古教四考"和"宗教三书"，所用史料除本世纪初新发现的敦煌经卷、内府档案外，更有许多为他人未见或习见而未能运用之资源，如方志、碑铭、案牍、佛藏，甚至砖瓦图绘、匾额楹联。他取《至顺镇江志》《元白话圣旨碑》《元典章》的材料，论证了"隐七八百年，其历史至今无人能道"[1] 的元代也里可温教。他"考开封犹太教而采及匾联"，辨证了以往将一赐乐业教和回教"混视为一"的谬误 [2]。他利用字书，从训释"祆"字入手，考明火祆教来源，阐明了火祆教、大秦景教、摩尼教的"相异之点"，解决了钱大昕、杭世骏等人经常混淆的问题。他"取敦煌所出摩尼教经，以考证宗教史，其书精博，世皆读而知之矣"[3]。他的《明季滇黔佛教考》则大量利用佛典、佛教史籍和僧人语录，陈寅恪为此书作序，以为其中"征引之资料，所未见者殆十之七八，其搜罗之勤，闻见之博若是，至识断之精，体制之善，亦同先生前此考释宗教诸文"[4]。

---

[1] 陈垣：《元也里可温教考·总论》，见《陈垣学术论文集》第一集，中华书局 1980 年版，第 1 页。

[2] 陈垣：《开封一赐乐业教考》，见《陈垣学术论文集》第一集，中华书局 1980 年版，第 255 页。

[3] 陈寅恪：《陈垣敦煌劫余录序》，见《金明馆丛稿二编》，上海古籍出版社 1982 年版，第 236 页。

[4] 陈寅恪：《陈垣明季滇黔佛教考序》，见《金明馆丛稿二编》，上海古籍出版社 1982 年版，第 240 页。

在宗教史研究中，陈垣善于通过考证贯通史实，说明历史事实的客观因果关系，阐述不同历史现象的内在联系，从而对历史的一些问题作出综合解释。这也是他的历史考证能够超越前人之处。陈垣的宗教史研究首先阐明了宗教盛衰与社会政治的密切关系，比如他论述火祆教在唐代受崇奉，与唐朝交通西域的政策有关；摩尼教在中国的盛衰则深受回鹘政治势力变化的影响；也里可温教在元代中后期不受重视，是由于统治者逐步接受儒学政治思想的缘故；他的《明季滇黔佛教考》从士人逃禅反映当时政治的变迁，因此陈寅恪在序文中说此书"虽曰宗教史，未尝不可以政治史读也"。其次，他把宗教史作为文化史的组成部分来进行研究，他特别重视宗教人物对外来文化的介绍和对中华文化的学习，注意揭示中外文化交通与宗教传播的内在联系，因此"他对于外来宗教史的研究，同时也是他对中外文化交通史研究的主要内容"[1]。其三，他的宗教史研究能够从历史的是非褒贬中惩恶扬善，从而发挥史学的鉴戒作用。他在抗日时期所作的

[1] 白寿彝：《要继承这份遗产》，见《励耘书屋问学记》，生活·读书·新知三联书店1982年版，第2页。

"宗教三书"和《中国佛教史籍概论》都有这个目的，他写《清初僧诤记》，意在抨击当时沦陷区汉奸的卖国行为；写《明季滇黔佛教考》，"所欲表彰者乃明末遗民之爱国精神，民族气节，不徒佛教史迹而已"[1]。其他各书也是"其中论断，多有为而发"[2]。陈垣的宗教史研究以其精密的考证，解决了宗教史中的诸多疑难，并从宗教史研究的角度，对历史进行阐释，他的研究成果，为近现代宗教史的研究开辟了道路。

三、历史文献学的建基性贡献

陈垣对历史文献学的贡献在于"对中国历史文献学的研究建立了一定的基础"，进行了一系列的"建基工作"[3]。他的建基性工作表现在继承乾嘉考据学的传统，通过历史考证的躬身实践，将清代学术中各种零散的考据手段，用科学的方法加以系统总结，从而形

---

[1] 陈垣：《明季滇黔佛教考·重印后记》，中华书局1962年版。

[2] 陈垣：《中国佛教史籍概论·后记》，中华书局1962年版。

[3] 白寿彝：《要继承这份遗产》，见《励耘书屋问学记》，生活·读书·新知三联书店1982年版，第2页。

成多门专学。这些专学所归纳的义例和原则，至今仍在中国历史文献学中发挥着典范作用。

陈垣治学从目录学入手，不仅许多古代书目烂熟于胸，而且还对一些重要书目作过专深研究，纠正不少书目的错误。他曾集中研究《四库全书》和《四库全书总目》，撰写了《四库书目考异》《文津阁四库全书册数页数表》等数篇论文。为了辨章学术，尤其是在一些新领域里开辟门径，他还编撰了一批重要的目录著作。其中如《敦煌劫余录》，收录敦煌写本8000余轴，稽核同异，分门别类。陈寅恪为之作序，认为敦煌学乃"此时代学术之新潮流"，而本书"诚治敦煌学者，不可缺之工具也"。序中充分肯定了《敦煌劫余录》"内可以不负此历劫仅存之国宝，外有以襄进世界之学术于将来"的功绩[1]。陈垣的《中国佛教史籍概论》则论述了佛教史籍对一般历史研究的史料价值，从而为历史研究开拓了一片新园地。不仅如此，书中提到的著录项目："每书条举其名目、略名、异名、卷数异同、版本源流、撰人略历及本书内容体制，并与史学相关诸

---

[1] 陈寅恪：《陈垣敦煌劫余录序》，见《金明馆丛稿二编》，上海古籍出版社1982年版，第236页。

点"，也为目录的撰写确立了模式。以上二书，可以说是陈垣在目录学领域总结性成就的代表。

年代学是解决历史要素中时间概念的基本功，中国古代的历法、纪年问题很复杂，近代以来研究中外交通，又需克服中、西、回等不同历法的换算问题。陈垣继承了清人对中国历史年代考订的成果，运用近代天文历算的科学知识，在历表的编制、历史年代的考订、运用年代学考证史事等方面，为年代学的发展奠定了基础。他所编纂的《中西回史日历》和《二十史朔闰表》是两部可供检索上下两千年，中、西、回历可以互换的精确历表；二表前者较详，后者较简，但后者有不少文字说明，是关乎年代学的重要内容。这两部工具书是年代学的开创性著作，长期以来为学界所重视和利用，并成为近世以来各种历表、年表之滥觞。他的著作《释氏疑年录》，以及《书内学院新校慈恩传后》《大唐西域记撰人辩机》等文章，皆以年代学的方法解纷纠谬，获得新证，为如何运用年代学考证历史事件的时间和人物生卒年，提供了系统的范例。

陈垣说："不讲避讳学不足以读中国史。"[1] 为了解决治史中的避讳问题，他全面爬梳了历代避讳的情况，系统整理了古代学者尤其是清代学者利用避讳现象校勘古籍、考证史事的经验，结合自己的研究成果，撰成《史讳举例》一书，"欲为避讳史作一总结束，而使考史者多一门路一钥匙"[2]。在这部书中，陈垣概述了古代避讳的历史沿革，揭示了避讳的方法、种类和特例，对因避讳造成的古书讹误和史实混乱作系统的分类、归纳，而最为精彩的是介绍了利用避讳学进行校勘考证的种种方法。正如他所希望的那样，《史讳举例》这部总结性著作一方面建立了避讳学的体系，一方面为历史考证归纳了一个可资研习、利用的新工具。

在校勘学方面，陈垣一生以校勘为治学考史之要务，所校典籍甚多，辨误是正无数，然最为突出的工作是校勘《元典章》，撰成《沈刻元典章校补》《元典章校补释例》二书。前者校出校记1.2万条，为人们提供了一个可以放心使用的《元典章》善本。后者又称《校勘学释例》，它是陈垣对于传统校勘学进行理论

[1] 陈垣：《通鉴胡注表微》之《避讳篇》《考证篇》，中华书局1962年版。
[2] 陈垣：《史讳举例·自序》，中华书局1962年版。

总结的重大贡献。该书归纳了古籍文字致误各种形式的通例和特例，探讨了古籍文字致误的各种原因，为人们在校勘中准确寻找古籍讹误指明了方向。该书的精义更在于将以往靠各自摸索、先验运用的校勘方法系统总结为对校法、本校法、他校法、理校法等"校勘四法"。胡适评价说："陈援庵先生校《元典章》工作，可以说是中国校勘学的第一次走上科学的路。""我们承认他这件工作土法校书的最大成功，也就是新的中国校勘学的最大成功。"[1]《校勘学释例》对于古籍致误形式、原因，以及对于"校勘四法"的理论总结，确实使中国传统的校勘学上升为一门科学的新的校勘学。

熔目录、版本、校勘、年代等专学为一炉的"史源学"，更是陈垣在文献学领域的一个创造。《陈垣史源学杂文》（人民出版社1980年）是陈垣讲授史源学课程的范文汇编，从书中可以看出，史源学是对前人考证结论的再考证：追寻其史料根源，厘定各史料间

---

[1] 胡适：《校勘学方法论——序陈垣先生的〈元典章校补释例〉》，收入《胡适文存四集》，见《胡适全集》第4卷，安徽教育出版社2003年版，第155、161页。

的源流和前后关系，审明史料的正误和优劣，考察对于史料的运用是否正确。它是陈垣所独创的、进行历史考证基本功综合训练的一门学问。综上所述，陈垣在历史文献学领域的成就突出表现在将前人的考证经验，系统总结为各门具有法则和范例的，可供传授，便于研习、操作和成长的专学，从而为历史文献学的不断完善奠基，为历史考据在新时代的发展进步提供了科学的方法论。

四、元史研究的巨大成就

在中国史学近代化的过程中，陈垣是元史研究领域的一代宗师。他打破从清代到本世纪初重修《元史》的旧格局，从宗教史、文化史、学术思想的角度，以专题研究的方法，开一代风气，把元史研究推进到一个新的高度。他在元史研究中的巨大成就包括：宗教史方面的《元也里可温教考》《元基督教徒之华学》，以及《南宋初河北新道教考》中关于宋元时期道教史的研究。文献整理研究方面，如上述《沈刻元典章校补》外，又有《书大德南海志残本后》，而要特别提出的是

《元秘史译音用字考》一书。该书比勘了多种《元秘史》版本，并参照《华夷译语》，总结出一套明初音译《元秘史》的用字规律，对于准确理解《元秘史》的内容，深入研究13世纪的蒙古语，全面了解《元秘史》各种版本的源流皆有重要意义。在元史人物研究方面，他也写过一批有分量的论文。他在元史领域最重要的成就，当属研究中外文化交流的《元西域人华化考》和研究胡三省学术思想的《通鉴胡注表微》二书。这是他一生最满意的两部著作，是分别代表他前后期史学研究特点的两座高峰。

《元西域人华化考》写成于1923年，它的史学价值在中外学术界引起轰动。首先是史料繁富，考证精良。全书征引书籍210种，列举人物168人，各种事例不计其数。它以缜密严谨的考证阐明了元代中外文化交通与民族融合的事实。日本著名汉学家桑原骘藏在书评中推崇该书"资料丰富，考据精博"，"具有科学治史的方法"，"裨益吾人甚多"[1]。陈寅恪则认为此

---

[1] ［日］桑原骘藏：《读陈垣氏之〈元西域人华化考〉》，《史林》（日文）第9卷第4号，1924年10月。

书考证之功，"我国学者自钱晓徵以来未之有也"[1]。其次，书中贯通事实，对有关历史问题作出系统论述，这是陈垣的历史考证胜于前人之妙。比如他分析例证，指出元代文化之盛超越汉唐；他通过西域各族接受汉文化的事实，表彰中华文化的巨大魅力；他以文化认同作为识别民族的重要标志，说明了元代民族融合的成就。因此陈寅恪特别赞赏本书"分析与综合二者极具功力"，认为陈垣的史学已摆脱清人为考据而考据的旧习，"合于今日史学之真谛"，"为中外学人所推服"。再次，本书以实事求是的历史考证，开文化史研究之风气，所以陈寅恪称此书刊布"关系吾国学术风气之转移者大"，其意义"岂仅局限于元代西域人华化之一事而已哉"！

在抗日时期，由于爱国抗敌热情的激励，陈垣的史学思想有很大转变，明确表示不以考证"为尽史学之能事者"[2]。他治史不以考证为自限，史学风格也为之一新，具体而言就是考证结合史论，发挥历史对现

---

[1] 陈寅恪：《陈垣元西域人华化考序》，见《金明馆丛稿二编》，上海古籍出版社 1982 年版，第 239 页。以下引陈氏评论皆见此序。

[2] 陈垣：《通鉴胡注表微》之《避讳篇》《考证篇》，中华书局 1962 年版。

实的鉴戒作用，表达他的爱国思想。这种风格在"宗教三书"已见发挥，而《通鉴胡注表微》则是集大成者。《通鉴胡注表微》详尽地介绍、阐发了胡三省的学术和思想，陈垣结合《胡注》的议论和表述的史事，总结治史经验，阐发自己的政治思想和社会思想。书中引用《胡注》精语750多条，引证典籍250余种。全书分20篇，前10篇讲史法，是从校勘、目录、辑佚、辨误、避讳、解释等多方面总结历史考证的经验，这里讲史法与单就某一方法作总结又不同，是从综合研究的角度看各种方法的互相关系和配合运用。后10篇讲史事，表达了陈垣对历史事件和人物的看法，对史学社会功能的理解，对民族问题和宗教问题的认识。无论言史事还是言史法，都表露出他对社会现实的关注，对国家历史前途和民族命运的思考。《通鉴胡注表微》全面反映了陈垣的史学思想、治史成就和学风特征，是他"所有著作中最有代表性的作品"[1]。

陈垣是20世纪最负盛名的史学大师之一。他去世时，北京大学教授，他的学生邵循正撰挽联曰："檀

[1] 白寿彝：《要继承这份遗产》，见《励耘书屋问学记》，生活·读书·新知三联书店1982年版，第7页。

图1　1912年5月，广东医学共进会与孙中山合影。前排左起第五人为孙中山，三排左起第一人为陈垣

古到高年，终随革命崇今用。校雠捐故技，不为乾嘉作殿军。"可以说是对陈垣史学与生平十分贴切的写照。陈垣的历史考证在继承乾嘉考据学的基础上，不断扩充史料范围，以科学思想将前人零散的考据经验总结为各门自成体系、方法缜密的专学，并善于在考证中贯通史实，考论结合，对历史作出系统的综合解释。因此，他的历史考证能够超越乾嘉诸老，在崭新的高度上开一代风气，供后学取法。可以断言，在21

世纪的新史学中，陈垣的史学成就仍然是一份值得继承的宝贵遗产。

（原载《历史教学》2000年第1期，此文稍作修订）

陈垣史学思想的风格与情怀

在 20 世纪中国史学名家辈出的史坛上，陈垣并不是以阐发史观、用思想开路的史家，甚至常常被人误解为只重考实、不谈思想观念的学者。他的史学思想也确实不如他的乡贤梁启超那样汪洋恣肆，也不像后来的马克思主义史学家郭沫若、范文澜那样善于构建新的史学体系。他的史学思想是随着史学研究的考实和表微有感而发的，虽然零散却不可谓不丰富；虽无意构建体系，却在总结传统史学的过程中发凡起例，形成一套精湛的治史理念；在 20 世纪中国社会争取民族独立富强浪潮的激荡下，他的史学思想也自始至终贯穿着民族主义和爱国主义的红线。陈垣的史学思想特立独出于 20 世纪中国史学林林总总的各种流派中，突显了自己鲜明的本色。

一、由历史考证入手而求得通识

历史考证是陈垣贯通史实，并从中求得通识，进而阐发对客观历史的认识，表达自己思想观念的重要途径。就像司马迁的"寓论于史"一样，陈垣史学思想的一个重要特点就是以考带论，他常常是以历史考证来开辟道路，引发思想和历史评论的。

中国的传统史学历来重视考证，尤其到清代蔚为大盛，更为学者所重视。清代著名史家章学诚就曾说："惟校雠攻辨之书，洞析幽渺，摧陷廓清，非有绝人之姿，百倍攻苦之力，不能以庶几也。其有功古人而光于后学，不特拯一人之疾，幼一官之邪而已也。"[1]这里所说的"校雠攻辨之书"，即指考证之学。章氏在清代史学中虽偏重义理而不擅长考据，但他却高度强调了史学考据所需要的功力和考据"有功古人而光于后学"的重要作用。在20世纪初叶中国史学的近代化进程中，王国维、梁启超、陈垣、陈寅恪、傅斯

[1] 章学诚:《〈唐书纠谬〉书后》，见仓修良编《文史通义新编》，上海古籍出版社1993年版，第424页。

年、顾颉刚等几位史学大师为推动中国史学的近代化创树了赫赫功绩。他们承前启后、会通中西，汲取近代科学的营养，开辟了史学的新时代，为马克思主义史学在中国的建立准备了条件。其中，陈垣以论证缜密、融会贯通的新历史考据独树一帜，被史界誉为"岸然屹立于崇洋浪潮中"的考证史家[1]。他的挚友，文史名家尹炎武甚为激赏陈垣晚年的史学考证，曾说："尝与柳劬堂（按：即柳诒徵）、鲍技九（按：鲍鼎）谈当代擅场史学，而以深入浅出之文达之，励耘书屋（按：指陈垣）外无二手也。"[2] 历史考证是陈垣治史之利器。

陈垣自 20 世纪初转入史学研究之始，便以服膺钱大昕，继承发扬乾嘉史学的优良传统为路径。然而，他对历史考证的认识，却实有超越乾嘉考据学家之处。一方面，他非常重视史学考证，明确指出："考证为史学方法之一，欲实事求是，非考证不可。"[3] 把考证作为历史研究的重要法门。他充分利用当时发现的新史

---

[1] 许冠三：《新史学九十年》，岳麓书社 2003 年版，第 79 页。

[2] 陈智超编注：《陈垣来往书信集（增订本）》，生活·读书·新知三联书店 2010 年版，第 143 页。

[3] 陈垣：《通鉴胡注表微》，辽宁教育出版社 1997 年版，第 76 页。

料和中外交流频繁所提供的方便，以宗教史研究和中外文化交流研究为阵地，撰著了"古教四考"和《元西域人华化考》等一系列历史考证名著，成为新历史考证学派的干将，奠定了他在史学界的重要地位。他重视历史考证，不仅运用精湛的考证，疏通史实，解决大量历史疑难问题，而且在其许多著述中，特别是在《通鉴胡注表微》中专设《考证篇》，总结历史考证的方法和在考证中所应注意的问题。另一方面，他又特别指出，考证并不是历史研究的唯一方法。他在《通鉴胡注表微·考证篇》的序言中说："彼毕生从事考证，以为尽史学之能事者固非，薄考证以为不足道者，亦未必是也。"[1] 从而辩证地分析了考证在史学研究中的作用。陈垣还反对清代考据末流那种琐屑破碎、以小遗大的弊病，指出历史研究"务立大义，明不专为破碎之考据也"[2]。这与他认为不以考证"为尽史学之能事者"的思想是一致的，即史学研究不为考证而考证，不以考订细碎之一事一物而沾沾自喜，而是要通过考证疏通史实，求得通识，进而阐明史学之人义。这正

---

[1]　陈垣:《通鉴胡注表微》，辽宁教育出版社1997年版，第76页。

[2]　陈垣:《通鉴胡注表微》，辽宁教育出版社1997年版，第48页。

是陈垣能在继承乾嘉考据学精华的基础上，又能超越乾嘉诸老的可贵之处。

通观陈垣的史学著述，以历史考证为评析历史、抒发思想的阶梯，进而点明史学大义的治学方式有以下几种情形。

其一，在撰作小篇论文时，善于从小处着手，从大处着眼；所考问题虽小，关联之事却大，这是陈垣晚年考证尤为突出的特点。比如，他跋王羲之书法拓本真迹，揭示题记中巙巙、边鲁、傁玉立、忽都鲁弥富、纥石烈希元、雅琥等题名，皆精于汉字书法的少数民族书家，其中巙巙尤为著名，与赵孟頫并称北巙南赵，由此见元代各族文化之融合[1]。他考敦煌西凉户籍残卷所载姓氏，证其皆中州旧姓，指出自汉以后，敦煌为中西交流之枢纽，西域与京洛必经之孔道，故敦煌文化极盛，在此多见中州旧族姓氏，则可证中西交流之频繁[2]。他跋孙星衍信札，考揭孙星衍不信西方

---

[1] 陈垣:《跋王羲之小楷曹娥碑真迹》，见《陈垣学术论文集》第二集，中华书局 1982 年版，第 428 页。

[2] 陈垣:《跋西凉户籍残卷》，见《陈垣学术论文集》第二集，中华书局 1982 年版，第 431 页。

天文学说及孙氏对戴震、江藩、江永、凌廷堪等人"笃信"的批评，从而说明乾嘉学者对西方科学的不同态度[1]。以上是从小问题的考证，看不同文化的交流，看社会历史风尚的变动。

陈垣在考证中善于由小见大，从一般问题归纳出学术通则和结论。他考《续灯正统》《五灯全书》对海云卒年记载的错误时就指出，"吾人因此得一教训，先辈作文，纪年喜用甲子，甲子六十年一周，若不细加调查，就往往移前或移后六十年"，"故读史贵有年表"[2]。他考戴望卒年，遇有歧说，引戴望有关年岁的自述以定孰是，并归纳出有关通则，即"年岁之事，据友人之言不若据家人之言，据家人之言不若据本人之言"。他辨析明本《册府元龟》胜宋本诸处，指出明人校此书所用功力，作出不得以"明人空疏"而将明代校勘一笔抹煞的结论[3]。

---

[1] 陈垣：《跋凌次仲藏孙渊如残札》，见《陈垣学术论文集》第二集，中华书局1982年版，第418页。

[2] 陈垣：《谈北京双塔寺海云碑》，见《陈垣学术论文集》第二集，中华书局1982年版，第383页。

[3] 陈垣：《影印明本〈册府元龟〉序》，见《陈垣学术论文集》第二集，中华书局1982年版，第206页。

其二，在撰写史学专著时，他除在著作中穿插议论外，常常在全书的结尾设立"总论"或"结论"，阐发思想或探索历史变动之原因。比如，他的《元也里可温教考》就在最后设第十五章《总论》，分析"有元得国，不过百年耳。也里可温之流行，何以若此"的原因，说明元代基督教之流传中国，乃元兵势力所至"西侵欧洲，北抵俄罗斯"，因此"教徒之被掳及随节至和林者，不可以数计"；此后罗马教宗又慑于元廷的威势，屡派教士来到中国，基督教成为元军所广泛接触和接受的宗教。待元军攻下燕京，驱进中原，万里纵横之后，"于是塞外之基督教徒及传教士，遂随军旗弥漫内地"，乃至江南也出现了基督教与僧道二教争强的状况[1]。从而揭示了宗教传播的兴衰和政治势力发展之间的密切联系。

他的《元西域人华化考》，则以缜密严谨的考证阐明了元代中外文化交通与民族融合的事实。此书不仅

---

[1] 陈垣：《元也里可温教考》，见《陈垣学术论文集》第一集，中华书局1980年版，第54页。

"史料丰富，考据精博""具有科学治史的方法"[1]，而且全书在以精密考证贯通史实的基础上，于最后设第八卷《结论》，对有关历史问题作出系统的论述。他说：

> 以论元朝，为时不过百年。今之所谓元时文化者，亦指此西纪1260年至1360年间之中国文化耳。若由汉高、唐太论起，而截全汉、唐得国之百年，以及由清世祖论起，而截至乾隆二十年以前，而不计其乾隆二十年以后，则汉、唐、清学术之盛，岂过元时！[2]

这里，他以史家睿智的眼光，从一个独特的角度，阐论元代学术文化之盛超越汉唐和清代。他通过西域各国各族接受汉文化的事实，表彰中华文化的巨大魅力，并揭示元代西域各国各族华化兴盛的原因，指出"盖自辽、金、宋偏安后，南北隔绝者三百年，至元而门户洞开，西北拓地数万里，色目人杂居汉地无禁，

[1] ［日］桑原骘藏：《读陈垣氏之〈元西域人华化考〉》，陈彬和译，转引自《元西域人华化考》附录，上海古籍出版社2008年版，第130页。

[2] 陈垣：《元西域人华化考》，上海古籍出版社2008年版，第119页。

所有中国之声明文物，一旦尽发无遗，西域人羡慕之余，不觉事事为之仿效"[1]。他又在《结论》中设立"元西域人华文著述表"和"元人眼中西域人之华化"二节，以文化认同作为识别民族的重要标志，说明元代民族融合的成就。因此陈寅恪特别赞赏本书"分析与综合二者极具功力，庶几宋贤著述之规模"；认为陈垣的史学已摆脱清人为考据而考据的旧习，"合于今日史学之真谛"，称此书的刊布"关系吾国学术风气之转移者大"，其意义"岂仅局限于元西域人华化之一事而已哉"。[2]

其三，就像《通鉴胡注表微》这样专门总结史法，阐发思想感情的著作，也常常通过考证疏通史实，为表达思想奠定基础。此书借评介胡三省《通鉴音注》的学术和思想，发表自己的史识和议论。书中引用"胡注"精语 750 多条，引证典籍 250 余种。本书中最能体现时代精神之处，即陈垣以古喻今所表达的抗日救国思想。比如，在强调爱国思想和民族意识时，陈垣

---

[1] 陈垣：《元西域人华化考》，上海古籍出版社 2008 年版，第 118 页。

[2] 陈寅恪：《陈垣元西域人华化考序》，见《金明馆丛稿二编》，生活·读书·新知三联书店 2001 年版，第 270 页。

借《通鉴》记载开运三年契丹攻灭后晋史事，引用胡三省注的感慨悲痛之言："臣妾之辱，惟晋宋为然，呜呼痛哉！""亡国之耻，言之者为之痛心，矧见之者乎！"然后他在"表微"中做了几处考证。一是考明"胡注"中悲叹"呜呼痛哉"共有二处，足见胡三省亡国之痛。二是考明胡三省此处所言"晋宋"不是通常人们所指的两晋、刘宋，而是特指后晋和赵宋，以说明胡三省的创言，正是由后晋之亡联系所历南宋的灭亡而生悲怆之情。三是通过若干史料，考证南宋亡国时上降表、谢太后称臣妾的史实，证明南宋之亡与后晋何其相似乃尔。胡三省亲身所见，"故其言感伤如此"，并又从后晋、南宋亡国之痛，联系到自己所处日寇将侵占中国的危机，慨然指出："人非甚无良，何至不爱其国，特未经亡国之惨，不知国之可爱耳！"[1]以激发国人的爱国思想和抗日斗志。

　　以上所述，可见陈垣的历史考证常常不是单一的考证，而是把历史考证推向一个更高的层次，将其和历史认识结合为一个紧密的学术体系。

---

[1]　以上所引见陈垣《通鉴胡注表微》，辽宁教育出版社 1997 年版，第137 页。

二、在总结传统史学的过程中发凡起例

在 20 世纪中国史学形成的诸多流派中，如果说
将陈垣的史学归结为新考证学派的话，那么他的史学
特点在很大程度上就表现出一种总结性特征。他集传
统史学特别是最为接近的清代史学之大成，并将其纳
入新时代的科学规范中加以提升和发展。具体而言，
就是在总结继承清代史学考据之精华时，不局限于一条
条孤立的考证成果，而是在历史思想方面，通过考证疏
通史实进而形成对历史的通识；在史学方法论方面，则
在诸多考证实践中归纳出条例，总结为系统的学理。他
的史学名著《通鉴胡注表微》就充分反映出这种总结性
的史学特征，前 10 篇讲史法则归纳总结了史学方法论，
后 10 篇讲史事则因史论政地阐述了历史观念。

陈垣在继承发展传统史学的过程中，面对的是内
容繁富而又庞杂混乱的学术积累。如何将前人丰富而
庞杂的治史考史经验总结为系统的范例和法则，以便
传承发展，是他思考的重要问题。牟润孙说："先师
不主张发表孤立琐碎的考证笔记，认为必须将它们合

在一起归纳出条例来，找出系统来，才堪称为著作。他著《史讳举例》《元典章校补释例》《五代史辑本发覆》，都是他个人对这一主张的实践。"[1] 这里所举《史讳举例》《元典章校补释例》《五代史辑本发覆》三书，就是陈垣对避讳学、校勘学有大量学理总结的著作。白寿彝则将陈垣这种总结旧学发凡起例的特点归结为"类例"之学，提出："他于复杂的现象中，注重寻求类例，使读者获得有条理的了解，并可以从而有举一反三的效果。所以《元典章校补释例》也可以称作《校勘学释例》。"[2] 说明了陈垣史学思想中讲求类例的特征。

陈垣继承发展乾嘉史学，在治学旨趣上最初是服膺嘉定钱大昕。然而在总结史学义例方面对他影响最大的却是乾嘉时另一位史学家赵翼（号瓯北），因而才有"百年史学推瓯北"[3] 的联句。他在青年时期还未完

---

[1] 牟润孙:《励耘书屋问学回忆》，见《励耘书屋问学记（增订本）》，生活·读书·新知三联书店 2006 年版，第 74 页。

[2] 白寿彝:《要继承这份遗产》，见《励耘书屋问学记（增订本）》，生活·读书·新知三联书店 2006 年版，第 109 页。

[3] 陈垣:《诗稿》，见《陈垣全集》第 22 册，安徽大学出版社 2009 年版，第 570 页。

全投入史学研究时就喜欢阅读赵翼的《廿二史札记》。他 23 岁时在书前写下的题记说："赵瓯北札记廿二史，每史先考史法，次论史事……今将原本史法之属隶于前，史事之属隶于后，各自分卷，以便检阅焉。"[1] 可见当时他就深受赵翼注意总结前人史法的启示，并动手把赵书拆成"史法""史事"两部分，以便阅读和研究。后来他做《通鉴胡注表微》，全书体例分史法、史事两大部分，应该是受到赵翼"先考史法，次论史事"的影响。

他在总结传统史学的过程中发凡起例，表述方法论的史学思想，主要是通过两个途径来完成的。其一，在历史文献学领域，将前人研究考订文献的各种经验，以近代科学的方法加以总结，通过法则的归纳和学理的阐释，为形成各门可供传授、研习和发展的专学奠定基础。白寿彝说"援庵先生对历史文献学的建基工作，包含目录学、年代学、史讳学、校勘学等几个方

[1] 陈垣：《廿二史札记注·题记》，见《陈垣全集》第 13 册，安徽大学出版社 2009 年版，第 8 页。

面"[1]，以下就从这几个方面略见陈垣对历史文献学若干研究方法和法则的阐述。

例如，在目录学上，他将目录学作为治学的指南，又看作是学术史的蓝本。他说："目录学就好像一个账本，打开账本，前人留给我们的历史著作概况，可以了然，古人都有什么研究成果，要心摸摸底，到深入钻研时才能有门径，找自己所需要的资料，也就可以较容易地找到了。经常翻翻目录书，一来在历史书籍的领域中，可以扩大视野，二来因为书目熟，用起来得心应手，非常方便，并可以较充分地掌握前人研究成果。"[2]他不仅重视利用目录学，而且在目录学领域作出大量研究成果，为史学研究开辟道路。他撰著的《敦煌劫余录》为中国的敦煌学研究奠定了基础。他的《中国佛教史籍概论》，不但为学者指示"读佛教书"之门径，还深入揭示各种佛教史籍的史料价值，"以为史学研究之功"，为史学研究"得一新园地也"[3]。

---

[1] 白寿彝：《要继承这份遗产》，见《励耘书屋问学记（增订本）》，生活·读书·新知三联书店 2006 年版，第 106 页。

[2] 陈垣：《谈谈我的一些读书经验》，见《陈垣全集》第 22 册，安徽大学出版社 2009 年版，第 743 页。

[3] 陈垣：《中国佛教史籍概论·缘起》，中华书局 1962 年版，第 2 页。

在年代学方面，陈垣说："苟欲实事求是，非有精密之中西长历为工具不可。"他指出由于古今历法、中外历法换算不清，致使历史记载上的一些时间概念无法得到准确解释，以往的中外交通史研究也出现一些明显的错误。因此，他发奋将几千年的中国古代旧历加以考订，"参以各史纪志，正其讹误，终于清宣统三年，为旧历作一总结"，撰成《廿二史朔闰表》，以解古今日历换算的难题。接着他又考订中历、西历和回历的换算，撰成一书，"名曰《中西回史日历》，于是中西回史之年月日，皆可互通矣"[1]。他的两部年代学著述解决了史学界长期以来在中国古代史研究中古今日历换算，以及在中外交通史研究中的中历、西历、回历换算的难题。别看现今在日历换算上已有许多工具书，但是在 20 世纪初叶这却是史学界的一大难题，因而学术界高度评价了陈垣的这些工作。胡适说："我们应该感谢陈先生这一番苦功夫，作出这种精密的工具来供治史学者之用。……不但给杜预、刘羲叟、钱侗、汪曰桢诸人的'长术'研究作一个总结，并且可以

---

[1] 以上见《陈垣史学论著选》，上海人民出版社 1981 年版，第 205、212 页。

给世界治史学的人作一种极有用的工具。"[1]除编制历表的工作,陈垣在年代学上还有《释氏疑年录》等其他论著,并在论著中随年代的考证而引发许多关于年代学的方法和原则问题,这些都是他总结年代学研究经验的重要思想。

在避讳学方面,陈垣指出:"避讳学为中国特有之风俗","其历史垂二千年矣"。由于中国历史上避讳在古籍文献上留下大量材料,因而他不仅在史学研究中常常将古代的避讳现象作为考史的重要途径,而且对此做专门研究,"意欲为避讳史作一总结束,而使考史者多一门路一钥匙也"。他撰著的《史讳举例》从历代避讳方法、种类和名讳等方面系统总结古代避讳史,并揭示因避讳在古籍文献中改字、缺字而造成后世阅读和考史的障碍,指出前人在读史著述中因不知避讳而产生的种种错误。陈垣说:"研究避讳而能应用之于校勘学及考古学者,谓之避讳学。避讳学亦史学中一辅助学科也。"[2]因此,《史讳举例》的另一重要贡

---

[1] 胡适:《介绍几部新出的史学书》,见《古史辨》第二册,上海古籍出版社1982年版,第333页。

[2] 以上引文见陈垣《史讳举例》,中华书局2004年版,第2页。

献就是发掘了避讳知识在史学研究中的作用，书中阐论利用避讳进行校勘考证的 11 种方法，第一次构建了避讳学的科学体系。

在校勘学方面，陈垣一生以校勘学为治学之先务，所校典籍甚多，辨误是正无数。然最为突出的工作是校勘《元典章》，撰成《沈刻元典章校补》《元典章校补释例》二书。前者以元刻等 5 种版本，详校通行的清代沈刻《元典章》，改正沈刻的讹误 1.2 万条，后者又称《校勘学释例》，它是陈垣对于传统校勘学进行理论总结的重大成果。此书利用校勘沈刻《元典章》的材料为例，归纳了古籍文字致误各种形式的通例和特例，探讨了古籍文字致误的各种原因，为后人在校勘中准确寻找古籍讹误归纳了义例。其精义更在于将以往靠各自摸索、先验运用的校勘方法系统总结为法则，即对校法、本校法、他校法、理校法等"校勘四法"。陈垣对于古籍致误形式、原因，以及"校勘四法"的理论总结，确实使中国传统的校勘学上升为一门科学的新的校勘学。

史源学更是陈垣在历史文献学领域的一个创造。根据《陈垣史源学杂文》和他给学生讲授"史源学实习课"的教案[1]，可以看出，熔目录、版本、校勘、年代等专学为一炉的史源学是对前人考证结论的再考证，即追寻史料根源，厘定各史料间的源流前后关系，审明史料的正误和优劣，考察对史料运用是否正确。它是陈垣独创的一门探寻史源，进而稽考史实、辨明正误的学问。

陈垣在历史文献学领域的总结性工作表现在他继承乾嘉考据学的传统，将古代学术中各种零散的考据手段，用科学方法加以系统总结，从而形成多门专学。他为这些专学所归纳的义例和法则，至今仍在中国历史文献学中发挥着作用。

其二，《通鉴胡注表微》前10篇专门就各种史法进行了系统总结和阐发，其涉及的范围也非常广泛。一是关于史书的义例、书法的阐释与批评。《表微》中的本朝篇、书法篇即为讨论史书义例而设，研究史书义例的目的一方面是为了使人们更好地认识古代史书的体例，以便了解古代史书的义旨；一方面是要运用

---

[1] 见陈智超编注：《陈垣史源学杂文（增订本）》，生活·读书·新知三
    联书店2007年版；《陈垣全集》第22册，安徽大学出版社2009年版，
    第431—462页。

近代史学的科学方法，纠正古代史家在义例上存在的问题。比如，《表微》认为《通鉴》不似《春秋》借属辞比事、微言大义而严于褒贬，过分讲求书法而影响叙事的明畅。《通鉴》能"据事直书，使人随其时地之异，而评其得失，以为鉴戒"。不过，《通鉴》受"天命论"和"天人感应"说的影响，在书法上也仍存在将自然灾异和人事变动随便联系的现象，指出"日食本有一定之躔度，而先儒必以当时之政治勘合之，以为有关于君相之措置，此古代政治家之妙用。读史者深知其意焉可矣"。告诫读者明其附会书法，勿受其惑。又如，《通鉴》在纪年义例上也有缺陷，卷七十六在年初就记载"高贵乡公正元元年"，其实这一年上半年仍是魏邵陵厉公嘉平六年，冬十月高贵乡公才即位改元为正元。《通鉴》为纪年方便，凡在年中改年号者，必将后一年号冠于该年正月之上，这是纪年不精确之处。陈垣说："古时改元，并从下诏之日为始，未尝追改以前之月日也。"他又指出纠正这一缺陷的方法："余撰《二十史朔闰表》，凡在年中改元者，不书其元年，而书其二年，睚二年即知有元年，而前元之末年，不致被抹煞也。"[1]

二是论述文献考辨的方法，阐幽抉微，示人以义例。除在文献学领域为各门专学归纳义例法则外，陈垣在《表微》的校勘篇、避讳篇、考证篇、辨误篇中则注意对文献考辨的一些具体方法加以总结。如讨论校勘方法时则提出校勘"贵有佳本"，"校书当蓄异本"，强调校勘不得"任意将原文臆改"[2]。论避讳学为考史之用，则说："不讲避讳学，不足以读中国史也。"[3] 论考证和辨误，则提出"考证贵能疑"，考证"当于细微处加之意"；考证需"逐一探寻其出处"；"考地理重实践，亲历其地"；"考史注重数字"；等等 [4]。

三是阐释史学评论的地位和意义。《表微》的解释篇、评论篇、感慨篇、劝诫篇是将史学评论作为一种治史的方法加以分析的。陈垣认为，史论是史学之重

---

[1] 以上引文见陈垣《通鉴胡注表微》，辽宁教育出版社 1997 年版，第 15、16、19 页。

[2] 以上引文见陈垣《通鉴胡注表微》，辽宁教育出版社 1997 年版，第 29、34、43 页。

[3] 陈垣：《通鉴胡注表微》，辽宁教育出版社 1997 年版，第 62 页。

[4] 以上引文见陈垣《通鉴胡注表微》，辽宁教育出版社 1997 年版，第 70、78、84、86、79 页。

要内容，批评了轻视史论的倾向。他说："自清代文字狱迭兴，学者避之，始群趋于考据，以空言为大戒。"然而并不能认为史论就是空言，他以北宋胡寅的《读史管见》和清代王夫之的《读通鉴论》为例，指出这样的史论著作"皆是代表一时言论，岂能概以空言视之"。他指出史论的作用，一方面在于"言为心声"，表达了古代史家对于历史的看法，故"觇古人者宜莫善于此"[1]，后人能从史论中较为直接地了解史家的历史认识。另一方面，今人著史也要善于议论，"以意言之，不专恃考据，所以能成一家之言"[2]。治史只有兼具考据和议论，才能充分发挥史学鉴古知今、彰往知来的功用。

以上的分析，充分反映了陈垣在总结传统史学的过程中，发凡起例、指示史学门径的真知灼见。

三、突显爱国精神的史家情怀

许冠三在论及陈垣史学时说"援庵史学素来皆含

---

[1] 陈垣：《通鉴胡注表微》，辽宁教育出版社 1997 年版，第 106 页。

[2] 陈垣：《通鉴胡注表微》，辽宁教育出版社 1997 年版，第 51 页。

义理因子","他所信持的义理，简括说来，实不外'民族大义'四字。大致前期侧重文化，要旨在肯定民族本位；后期偏向政治，主题在表扬民族气节"[1]。这一论述虽不够全面，但也点明了陈垣史学的家国情怀和民族性特点。阅读陈垣的史著，可以清楚地看到，他不仅是一位著名的史学家，而且是一位杰出的爱国学者。他的史学思想中蕴含着热爱祖国和热爱中华民族的深厚感情。

陈垣的爱国情怀与他出生的时代和地区密切相关。陈垣出生于清朝末年，正是旧中国积贫积弱的时代，外患频仍，列强对中国豆剖瓜分。清廷腐败昏聩，更加剧了中国的民族危机。广东地处通商港口，是遭受列强侵略、欺凌最严重的地区；又是清末康梁维新变法和孙中山资产阶级革命活动最活跃的省份，救亡图强、驱夷灭洋的爱国潮流是当时时代的呼声和中华民族最强烈的愿望。这些都对青少年时期的陈垣产生极大影响，他后来曾回忆说："我青年时在广州，受到些维新思想影响，也曾抱有救国之志，参加了一些当

---

[1]　许冠三:《新史学九十年》，岳麓书社 2003 年版，第 144 页。

时的反帝反封建活动。"[1] 辛亥革命前后，陈垣的爱国思想基本形成，并开始了一系列救国图强的活动。开始，他从"人强斯国强"的目的出发，学医从医；后来又觉得仅仅"强身"仍不够，还应"强志"，于是又参与筹办反帝反封建的进步报纸《时事画报》《震旦日报》，发表具有反帝反封建救国思想的文章。他早期的撰述大致就包括政论和医学这两类内容。此后，他又以众议员的身份迁居北京。然而推翻清朝，建立共和后的北洋政府却连年军阀混战，政治腐败，让陈垣大失所望。因此他逐渐退出政界，投身于教育和史学研究。

虽然经历了曲折的救国历程，但是他怀抱赤诚的爱国之心始终不变。从史学上看，爱国情怀一直是激发他的史学研究不断创新和史学思想不断丰富的源头活水，贯穿陈垣史学的爱国情怀在其史学思想发展过程中，也显现出不同时期的要旨和特点。

1917 年至 1937 年卢沟桥事变、抗日战争全面爆发之前，陈垣爱国思想的主旨是着意表彰中华民族的

---

[1] 陈垣：《党使我获得新的生命》，见《陈垣全集》第 22 册，安徽大学出版社 2009 年版，第 705 页。

历史文化，提倡大力推进中华民族文化的发展。牟润孙在谈到陈垣史学著作中蕴含的爱国精神时说："自清雍乾以降，考据之学盛，史学与现实脱节，绝不敢涉及当世之务，以远祸避害。时至民国，此风未歇，陈援庵先生独能起而变之，形式上依然不离考据，而著述之间则有爱国之深旨焉。"[1]纵观他此期的考据性历史著述，如《元也里可温教考》《火祆教入中国考》《摩尼教入中国考》《开封一赐乐业教考》等"古教四考"，以及其他基督教、伊斯兰教入华史略等一批有关中外文化交流的著述，不仅讲外来宗教在中国的传播，而且讲中土的政治形势、社会制度和思想文化对外来宗教、外来文化的影响，反映出他以中华民族文化为本，开展中外交通研究的思想特征。特别是他的史学名著《元西域人华化考》，更是以大量的史实，表彰了中华民族文化巨大的生命力和感召力。在提倡发展中华民族的学术文化方面，他不仅自己身体力行，潜心撰著一批"垂久远而动国际"的中外交通史著，以与外国人当时咄咄逼人的汉学著作争雄，还鼓励自己的学生

---

[1] 牟润孙：《记所见二十五年来史学著作》，见台湾《思想与时代》，第118期，1963年版。

47

和子弟，要努力向学，发展中华文化，提升中国的国际地位，提出"应当把汉学中心夺回中国、夺回北京"的目标[1]。在日本帝国主义步步加紧对中国的侵略步伐时，他告诫子辈，"风雨如晦，鸡鸣不已。正是吾人向学要诀"。"救国之道甚多，在国民方面，最要者做成本身有用之材，此其先着。"[2]

1937年至1945年的8年抗战时期，他的爱国思想则以激发国人的民族意识和爱国热情，痛斥日寇、汉奸的残暴无耻为目的。抗日战争全面爆发以后，陈垣自觉地把史学研究与国家民族的命运联系到一起，以古喻今，借古讽今，以史学来鼓舞抗日军民的斗志。正如他向友人提到此期的报国思想时所说的："所有《辑覆》《佛考》《诤记》《道考》《表微》等，皆此时作品，以为报国之道止此矣。所著已刊者数十万言，言道、言僧、言史、言考据，皆托词，其实斥汉奸、斥

---

[1] 郑天挺：《自传》，见吴廷璆等编《郑天挺纪念论文集》，中华书局 1990 年版，第 687 页。

[2] 陈智超编注：《陈垣来往书信集（增订本）》，生活·读书·新知三联书店 2010 年版，第 947 页。

日寇、责当政耳。"[1] 从上述几部代表性著作的写作目的上，可以看出此期陈垣史学思想的爱国主旨。比如，上述信中所提到的"言道"，即指撰成于 1941 年的《南宋初河北新道教考》。作者写作此书时，正值七七事变后河北各地相继沦陷，自己深受迫害，而有感于宋金、宋元之际创立新道教的人物，皆宋朝"抗节不仕之遗民"，"有不甘事敌之操"，因此要"发愤为著此书，阐明其隐"，也借此抒发作者光复国土的爱国情怀 [2]。信中所说的"言僧"，即指写作于 1940 年的《明季滇黔佛教考》和 1941 年的《清初僧诤记》。前者的撰述虽言明季滇黔佛教之盛，"其实所欲表彰者乃明末遗民之爱国精神、民族气节，不徒佛教史迹而已" [3]。从深刻阐释明末遗民逃禅行动的思想意义，抒发他自己的爱国思想和坚持与日寇斗争的壮烈心情。后者虽记清初僧诤，却是借批评明亡后变节仕敌的僧人，以抨

---

[1] 陈智超编注：《陈垣来往书信集（增订本）》，生活·读书·新知三联书店 2010 年版，第 247 页。

[2] 陈垣：《南宋初河北新道教考·重印后记》，科学出版社 1958 年版，第 154 页。

[3] 陈垣：《明季滇黔佛教考·重印后记》，中华书局 1962 年版，第 320 页。

击"日军既占据平津，汉奸们得意扬扬"[1]的丑态，痛斥汉奸卖国投敌的行为。信中提到的"言史""言考据"，虽泛指所言五书，然其中最突出者为《通鉴胡注表微》，此书借阐释胡三省的史学方法和思想，全面总结陈垣自己的治史经验，反映他对社会现实的关注，对国家前途和民族命运的思考，其中许多内容充分表达了他誓死抗战的民族气节和爱国激情。

1945年以后，特别是新中国成立以后的历史时期，陈垣史学思想中的爱国深旨则表现在确立学术研究为社会和大众服务的努力方向。新中国成立后，陈垣目睹国家和民族的新兴，为时代所感奋和召唤，他一以贯之的爱国思想在此期形成了学术为人民、为社会服务的目标。对此，他曾有多次的表述，比如在1949年5月给胡适的《公开信》中谈到他的思想变化，就认为研究历史应该有"认识社会，改造社会"两重任务，过去的研究只完成了任务的一部分，今后"应即扭转方向，努力为人民服务"[2]。在1950年首届全国高等教育会议上，他检讨自己以前"为学术而学术"的

[1] 陈垣：《清初僧诤记·重印后记》，中华书局1962年版，第94页。
[2] 陈垣：《给胡适之一封公开信》，《人民日报》，1949年5月11日。

图2　1917年8月19日在香山静宜园韵琴轩与英敛之等香山学社成员合影。中间坐者为陈垣，其右侧为英敛之夫妇，左侧为慕元甫

治学方向，认为从前的研究"与社会实际无关，谈不到大众化，更谈不到为人民服务"[1]，这种情况必须要改变。此后，他又在《中国科学院学部成立大会开幕式上的讲话》、在他的学术论文中进一步阐述了学术研究为社会服务、为人民奉献的方向，表达"历史科

---

[1]　陈垣：《谈理论与实际一致》，《光明日报》，1950年6月5日。

学必须为实际服务"，"为现代的劳动人民服务"[1] 的思想。陈垣晚年将自己的大量精力投入到新中国学术文化事业的规划和建设之中。比如参与历史科学 12 年远景规划的制订，指导编辑多种历史资料丛刊，参与多种大型古籍整理工作，解答外交事务中有关中外关系和文化交流的历史问题，审定教材和博物馆展览，回信辅导许多普通民众的历史学习和研究，等等。他把自己渊博的学识献给国家和人民，这是他主张学术服务社会、服务大众的思想的具体实践，这也是他发展中华民族文化的爱国思想的进一步升华。

（原载《史学史研究》2017 年第 1 期）

---

[1] 陈垣:《厚今薄古是今日史学界必须走的道路》，见《陈垣全集》第 22 册，安徽大学出版社 2009 年版，第 704 页。

陈垣的民族史观 [1]

　　陈垣在 20 世纪中国史学近代化的发展进程中，坚持中国特色民族史学的发展方向，创获丰硕的史学成果，也形成了丰富的史学思想。他的弟子启功认为，陈垣史学的本质是"对中华民族历史文化的一片丹诚"[2]，这是对陈垣民族文化史观的准确概括。在长期的民族文化史和中外交通史研究中，陈垣也形成了多民族统一发展的民族史观。他深入发掘中国古代各种繁富的史料，以客观求实的态度，从中华民族的多源形成、民族组合和文化融合、多民族共建中华历史等方面，阐发了进步的民族史思想和观念，实事求是

---

[1] 　与吕亚非合作。

[2] 　启功：《夫子循循然善诱人》，见《励耘书屋问学记》，生活·读书·新知三联书店 1982 年版，第 97 页。

地说明了中华民族的历史形成和发展。

一、中华民族多源形成的思想

晚清时期，清廷腐败无能，屡战屡败，备受列强欺凌，也致使满汉民族矛盾激化。于是革命党人鼓吹兴汉的思想，孙中山更是提出了"驱除鞑虏，恢复中华"的口号。陈垣早年参加民主革命，也曾发表过一些宣传排满的文章。辛亥革命后，满汉民族矛盾已不复存在，而且孙中山至少在 1919 年的《三民主义》中也已提出："汉族当牺牲其血统、历史，与夫自尊自大之名称，而与汉蒙回藏之人民相见以诚，合为一炉而冶之，以成中华民族之新主义。"[1] 然而由于革命时期的宣传过分强调汉族与其他民族的分别，这些思想烙印仍存在于一些社会民众的潜意识之中，"大汉族"的观念也在社会意识形态中有不好的影响。陈垣长期致力于中华民族历史的研究，对于社会上仍残存的那种将中华各民族笼统称为汉族的提法，觉得不妥，认为应称为

---

[1] 孙中山：《三民主义》，见《孙中山全集》第 5 卷，中华书局 1985 年版，第 187—188 页。

中华民族。1936年1月他接受《世界日报》记者采访时，谈到自己准备写一本《汉以来新氏族略》的书，并表达了自己对中华民族形成的看法。一方面，陈垣认为当时有关汉族的提法不符合历史事实，他说："我觉得现在的人常常说汉族，这是绝大的错误。严格地说，只能说中华民族，因为我国没有纯粹的汉族，都是混合民族。"另一方面，陈垣觉得"这种分别的称呼，很容易使他族起疑，而发生无谓争执"，不利于民族团结。随后，他又进一步论证了作为单一民族的汉族的形成，他说："其实我们单从姓氏一方面来考察，多半都是各族混合的。刻薄点说，都是杂种。本来在汉朝以前人名不尽戴姓氏的，汉以来人名始尽戴姓氏，有了姓氏才易分别父子兄弟的关系，同宗族的关系。后来外族加入日益增多，这种氏族有两种，一是新氏新族，一是旧氏新族。新氏新族，就是外来的种族，以名首字为姓，或戴二字三字的本姓。旧氏新族，是外族到内地以后，或皇帝赐姓，或自取他人的姓为姓，或改复姓为单姓。现在的氏族，多半是混合外来的。同时汉族也不能算是一个族名，所以这种称呼是有疑问的。"[1]
中国历史上这种姓氏的融入与变迁是很常见的，例如，著名的北魏孝文帝改革，在迁都洛阳以后，下诏改鲜卑姓为汉姓，30年间将各部落的二音节、三音节等多音节姓氏都改为音近的汉单姓，如将拓跋氏改为元氏，步六孤氏改为陆氏，丘穆陵改为穆氏，独孤改为刘氏，贺楼改为楼姓，等等，这就是所谓的"旧氏新族"，用一些旧的姓氏冠以新的族群。另外，还制造出一些新的姓氏，如叱奴改姓狼，费羽改姓羽，纥骨改姓骨，渴侯改姓纸，俟伏斤改姓斤，等等，都是汉族姓氏中原本没有的，这就是所谓的"新氏新族"，当时一共改了144姓[2]。随着其他民族姓氏的汉化，使得中华民族出现了很多旧氏新族和新氏新族，族群和姓氏相互混合，很难区分，所以单纯的汉族是不存在的。在接下来谈到中小学的历史教学问题的时候，陈垣又一次谈到民族混合问题，他说："现在的中小学的历史教科书，

---

[1] 茜频：《学人访问记——历史学家陈垣》，见《世界日报》1936年1月5日。

[2] 参见郑樵撰，王树民点校《通志二十略·氏族略第六》，中华书局1995年版，第220—221页。

有两个大遗憾，就是民族同宗教问题，多讲的不妥，没有远大的眼光。关于民族问题，不拿整个中华民族为标准，只是注重一方面，中国的民族，本系许多民族集合而成，历史上许多民族的竞争，是不免的，今日既是一家，就应将从前的旧事公平叙述，不能有所偏倚。现在一般的历史教科书对此点多不注意。"[1] 他认为，历史上的民族矛盾是多种因素造成的，教材讲历史上的民族纷争，不应只讲其他民族的民变、叛乱，不讲汉族统治者的残酷压迫。尤其是当时日本已占领东北，建立伪满洲国傀儡政权，妄图瓜分中国，当此侵略者企图分崩离析我中华民族之时，陈垣在接受采访时，特别注意了不去强调满汉民族之间的矛盾，而突出强调了民族团结，一致对外。所以陈垣曾说："史贵求真，然有时不必过泥。凡事足以伤民族之感情，失国家之体统者，不载不失为真也。"[2] 这也反映了他在治史求真的前提下，对于民族问题的高度重视。

1941 年，陈垣在为《伟大之中华民族》一书所列

[1] 茜频：《学人访问记——历史学家陈垣》，见《世界日报》1936 年 1 月 6 日。

[2] 陈垣：《通鉴胡注表微》，辽宁教育出版社 1997 年版，第 220 页。

的提纲中，拟定了从姓氏考察民族混合，阐发中华民族多源形成思想的著述内容。首列"无一姓无外来民族加入"条，并认为"最要证明此点"。之后则从三个大部分，以中华各民族融合发展的历史为基础，结合姓氏学，阐述伟大之中华民族的多源形成。

第一部分为"外族之内徙"。这一部分设定为"前篇"，内容即"言历朝外族之同化"，叙述形式则"前篇以朝代为主，述历代归化之胡人"。分先秦、汉魏六朝、唐五代、两宋、辽金元、明清等若干历史阶段，在各历史阶段的叙述中，又特别分析"东来之姓，西来之姓，南来之姓，北来之姓。中部之姓，如荆蛮、豫蛮"。即以历代民族组合的历史为主线，考察从东西南北各个方向进入中原、融入中原的外族姓氏之变迁，又接着从"同语言、文字、风俗、习惯"以及"外来之宗教可成为中华宗教"等角度阐明民族融合之结果。其论证的结论是"凡以往侵略中国之民族，无不变为中华人"，"善能吸收外来民族，故能继续发展而不衰老"。以此表明民族组合的必然性和几千年来多民族组合成为伟大中华民族的发展趋势。

第二部分为"各姓新族之参合"。这一部分为"后篇"，内容即"言各姓同化（参入）之外族"，叙述形式则"后篇以姓氏为主，述各姓参合之外族"。后篇即以研究姓氏为主，按音调分列有关姓氏，如"上平各姓，下平各姓，上声各姓，去声各姓，入声各姓"，例举各姓中"外族出身之名人"，考察相关各姓中所参入之外来民族，以证中华民族的多源形成。其结论是"昔之研究民族者喜言其分，今之研究民族者利言其混"。原因是以往国内民族有纷争，所以要有华夷之分，进入 20 世纪以后，中华各民族要求摆脱列强侵侮，国家独立和中华民族复兴的浪潮汹涌澎湃，所以要团结一致，抵抗外辱。30 年代，又面临日本入侵东北进而想霸占中国的野心，在国难当头之际，更应抛弃前嫌，精诚团结，共同保卫中华民族免于亡国灭种的危险。

第三部分专门阐述从氏族入手研究中华民族形成过程的意义，其结论是"不研究氏族学，不知中华民族之大也"。首先，陈垣说明了中国姓的特征是："一、不过二字，二、连名并乎，三、子孙沿用。前二条为中国姓之特征。后一条为姓之要素，非是，则名耳，非姓也。姓为家族之符号。族大则另起新号，故姓中又有氏焉。"接着，他讨论了中国古代姓氏的变化："秦以前姓与氏分，一姓之中，恒有数氏，故有同姓异氏者焉。秦以前氏亦称姓，姓与氏混，《史记》称某人姓某氏是也。""其后又有赐姓改姓之例，于是一氏之中又恒有数族，故有同氏异族者焉。汉以后之所谓氏族，适等于秦以前之所谓姓氏也。或经变乱，或经迁徙，则高曾名字且不知，况高曾以上统系乎？"[1] 通过氏族学的研究，可以证明中国境内各姓之中在历史上皆有不同氏族或民族的组合，借以证明中华民族乃多源形成之理。可见，陈垣的中华民族多源形成的思想，是建立在充分考察史料的基础上得出的符合历史事实的结论。

陈垣有关中华民族历史形成的思想，科学地说明我国现代的以及在历史上曾经存在过的所有民族，其血统都不是纯而又纯的，都曾经经历过不同类型的融合与同化。各民族共祖同源和多源多流的亲密关系，在历史上曾起过维系民族团结的纽带作用。中华民族，正是一个基于长期交流与融合而形成的具有丰富内涵的民族共同体。

---

[1] 以上均引自陈垣：《伟大之中华民族》，见《陈垣全集》第 22 册，安徽大学出版社 2009 年版，第 123—125 页。

二、历史融合造就中华民族的理念

民族融合是历史上两个以上民族互相接近、互相影响交融，最终形成一个民族的现象，其中既有血缘上的混合，又有文化上的融合。陈垣在民族史的研究中较早地注意了民族融合的问题，并且发现华夏精神文化的优越，对于其他各族产生了巨大影响和吸引力，以至造成了"凡以往侵略中国之民族，无不变为中华人"的情况。早年撰著《元西域人华化考》时，陈垣就着重考察了元代西域各族人进入中国之后，对华夏文化自觉地吸收、接受和认同的过程。

在《伟大之中华民族》提纲中，陈垣引述了《论语》："丘闻有国有家者，不患寡而患不均，不患贫而患不安，盖均无贫，和无寡，安无倾。夫如是，故远人不服，则修文德以来之。既来之，则安之。"又引《中庸》："凡为天下国家有九经：曰来百工也，柔远人也，怀诸侯也。来百工则财用足，柔远人则四方归之，怀诸侯则天下畏之。"以见华夏族修德怀远的历史传统。并准备从先秦、汉魏六朝、唐五代、两宋、辽金元、明清等若干历史阶段来讨论"历朝外族之同化"，考察历史上中原华夏族与周边少数民族的文化融合。对民族融合的认识标准，陈垣在此提纲中也进行了着重说明，他认为"非我族类，其心必异，此就猾夏时言，如同化以后则如兄如弟，无异尔心矣。猾夏时则相仇，同化久则相安。当其猾夏时则诛之，当其归仁后则与之，亦《春秋》夷狄而中国则中国之之意也"。当民族矛盾冲突时，则华夷之分是可以理解的，但当民族团结、文化融合之后则同为一家，如兄如弟，不应再有华夷之分。华夷之分，应以"礼义为准"，而不应以血统分，"夷狄而中国则中国之"。因此，对于民族史研究，陈垣以为应当"和众"，主张"昔之研究民族者喜言其分，今之研究民族者利言其混"[1]。1945年，在《通鉴胡注表微》中，陈垣再次申明了自己的观点，他说："昔之言氏族者利言其别，所以严夷夏之防；今之言氏族者利言其和，然后见中华之广。"[2]

对于中华历史上民族文化之融合，陈垣给予了高

[1] 以上均引自陈垣：《伟大之中华民族》，见《陈垣全集》第22册，安徽大学出版社2009年版，第122—125页。

[2] 陈垣：《通鉴胡注表微》，辽宁教育出版社1997年版，第92页。

度关注。《元西域人华化考》为陈垣在这方面的名作，他在此书中将华化界定为"一旦入居华地，亦改从华俗，且于文章学术有声焉"[1]，并以丰富的材料、严谨的论证，考察了有元一代，西域各族深受华夏儒学、文学、美术、礼俗、宗教影响的状况。元代西域人大批东来，在内地定居生活后，不可避免地要接触汉文化。"其初皆军人，宇内即平，武力无所用，而炫于中国之文物，视为乐土，不肯思归，则唯有读书入仕之一途而已。"[2]西域人来内地的第一代、第二代多以武功取得高官厚禄，但随着战争的结束，其第三代、第四代遂多敦诗书而悦礼乐，甚至通过科举而取得功名，于是不少西域人在文学、艺术、哲学、史学等方面取得了很高的造诣。由此可见，"华化"是一种不可避免的历史现象。此后的1943年，陈垣又拟写了《北朝之华化运动》《鲜卑同化记》的提纲，欲对五代十国时期的民族融合做一考察，惜未成书。但在《通鉴胡注表微》中，陈垣对这一时期的民族混合做了简要论述，他说："隋唐之交，华人固有入北避乱者，然自五

---

[1] 陈垣:《元西域人华化考》，上海古籍出版社 2008 年版，第 2 页。

[2] 陈垣:《元西域人华化考》，上海古籍出版社 2008 年版，第 16 页。

胡乱华以来，北人华化者不可胜计，隋唐混一而后，涵容孕育，又数百年，遂与诸华无异矣。"[1]

民族的融合是多民族国家的普遍现象，是历史发展的必然趋势。古今中外民族共同体的形成、变化、发展，都与民族融合紧密相关。中华民族也是如此，正是多民族的交流融合促成了多姿多彩的中华文化。

三、多民族共建中华历史的观点

几千年来，中华大地上先后生息和居住过许多民族，一些民族消失了，另一些民族又勃然兴起。伴随着中国历史上各民族的多元起源与发展，以及统一、分裂、再统一的反复交替，古代各民族之间的文化交流和相互借鉴融合，促成了中国各民族共同的进步，各民族共同建设了中华历史。陈垣在民族史研究中，敏锐地观察到这一点，他在《元西域人华化考》中，一方面彰显了中华文化巨大的影响力，一方面也充分论述了我国历史上的少数民族和外来民族在华化

[1]　陈垣:《通鉴胡注表微》，辽宁教育出版社 1997 年版，第 228 页。

之后，为中华历史文化发展所取得的突出成就。在《通鉴胡注表微》中，他又再次申述了历史上中国的各少数民族"经若干年，语言文字，姓氏衣服，乃至血统，与中国混而无别，则同为中国人矣，中国民族老而不枯者此也"[1] 的思想，旨在说明中华民族和文化之所以"老而不枯"，原因在于经常有新鲜血液的补充。中国历史上有南北朝、五代十国、元、清等由汉族之外的其他民族政权统治时期，在这些时期中，其他民族为中华文化所吸引，渐趋融入中华文明的同时，又将本民族的优秀文化引入华夏文化之中，为中华文明增添了新的活力，注入新的血液，为中华文化的延续与发展作出了巨大贡献。

《元西域人华化考》是陈垣详细论述元代西域各族华化后，在共建中华历史文化中作出贡献的著作。全书从儒学、文学、美术、礼俗、女学等各方面考察了元代进入中国的色目人逐渐融入华夏文化的情况及取得的成绩。首列儒学篇 20 余人，陈垣以为："儒学为中国特有产物，言华化者应首言儒学。元初不重儒术，

---

[1] 陈垣:《通鉴胡注表微》，辽宁教育出版社 1997 年版，第 244 页。

故南宋人有九儒十丐之谣，然其后能知尊孔子，用儒生，卒以文致太平，西域诸儒，实与有力。"[1] 充分肯定了西域诸儒对元代尊儒治国及对儒学发展所作的贡献。《文学篇》列西域之文学家 53 人，说明他们的华化及其在元代文学领域中的地位和成就。其中诗家 29 人、文家 8 人、曲家 16 人。书中引元人戴良在《丁鹤年集》序文中所列贯云石、马祖常、萨都剌等 12 人，以为他们皆居西北之远国，去中国不知其几千万里，而其为诗乃有中国古作者之遗风。可见西域诸人之诗歌成就，当世即为汉人文学家所称道。陈垣以为"此十二人者，其诗名高下不同，而其可与中国作者抗衡则一也"[2]。《文学篇》又论元代西域人华化之后，在散文写作上的成就，指出："至正间，诏修辽金宋三史，西域人预纂修之役者，《辽史》有廉惠山海牙，《金史》有沙剌班、伯颜师圣，《宋史》有斡玉伦徒、泰不华、余阙，皆一时之隽。"[3] 又引清人王士禛在《居易录》卷二里的评论曰："元代文章极盛，色目人著名者

---

[1] 陈垣：《元西域人华化考》，上海古籍出版社 2008 年版，第 8 页。

[2] 陈垣：《元西域人华化考》，上海古籍出版社 2008 年版，第 51 页。

[3] 陈垣：《元西域人华化考》，上海古籍出版社 2008 年版，第 67 页。

尤多。"[1] 在分析元西域曲家的元曲写作之后，陈垣特别指出，在元曲名家之中，"西域人特多，此西域人所以在元朝文学界中占有重要地位也"[2]。充分肯定了西域文学家推动元代文学繁荣的贡献。《美术篇》列书家 35 人、画家 5 人、建筑家 1 人。陈垣说，"书法在中国为艺术之一，以其为象形文字，而又有篆、隶、楷、草各体之不同，数千年来，遂蔚为艺术史上一大观。然在拼音文字种族中，求能执笔为中国书，已极不易得，况云工乎！故非浸润于中国文字经若干时，实无由言中国书法也。元人主中国不及百年，色目人醉心华化，日与汉字相接触，耳濡目染，以书名当世者大不乏人。"[3] 西域人善书法者甚多，其中最著名者为巙巙，当时与赵孟頫齐名，号称北巙南赵。而元时西域画家高克恭亦有大名，是能与赵孟頫抗衡者。陈垣以为："元朝书画，推赵独步，然与赵颉颃者，书画皆西域人，亦足见元西域人天资学力，不让汉人也。"[4] 西

[1] 陈垣：《元西域人华化考》，上海古籍出版社 2008 年版，第 67 页。

[2] 陈垣：《元西域人华化考》，上海古籍出版社 2008 年版，第 73 页。

[3] 陈垣：《元西域人华化考》，上海古籍出版社 2008 年版，第 75 页。

[4] 陈垣：《元西域人华化考》，上海古籍出版社 2008 年版，第 83 页。

域人之中国建筑家，有也黑迭儿，元时大都都城及宫殿即为其所建造。陈垣以此为"极伟大而为吾人所未经注意者"，"元人自审除武力外，文明程度不及汉人，故不惜舍庐帐而用宫阙。也黑迭儿深知其意，故采用中国制度，而行以威加海内之规模"。并认为"（吾人）既知为也黑迭儿所为，今日不能不以此光荣还诸劳力劳心之原主"[1]。赞誉之情，溢于言表。后来，他在为"北京历史风土丛书"作序时，又再次申述："今人徒叹北京宫阙之宏丽，而不知其始建筑者阿剌伯回回教徒也黑迭儿也。""此吾国士夫从来轻视异教徒及工程学者之过也。愿因瞿子书一表彰之。"[2]总之，陈垣在《元西域人华化考》中，既论述了西域人华化的历史事实，又记载了许多少数民族学者在华化之后，为中华历史文化发展所作出的突出贡献。在他对这些少数民族学者的赞赏中，充分表达了多民族共建中华历史文明的思想观点。

---

[1] 以上均引自陈垣：《元西域人华化考》，上海古籍出版社2008年版，第87—89页。

[2] 陈垣：《瞿宣颖北京历史风土丛书序》，见《陈垣全集》第7册，安徽大学出版社2009年版，第863页。

1935 年，陈垣又撰有《切韵与鲜卑》一文，详细考察了《切韵》的作者陆法言的世系，阐明陆氏为鲜卑人，而久被华风，世传华学，"偃武修文，曾不数世，纯然华化，法言生于其间，濡染既深，握笔记述，遂为韵书不祧之祖"[1]。《切韵》不仅在当时成为考订古音及作诗文的根据，现在也成为研究汉语的中古音韵的主要资料。《切韵》一书上追古汉语，下启唐宋汉语，具有承先启后的作用，又因为《切韵》代表了中国研究语音的规则标准，所以《切韵》成为汉语音韵学的第一经典。鲜卑族华化的陆法言在中国语音史上具有重要的历史地位。

中华民族是我国古今民族在统一多民族国家的长期历史发展过程中逐渐形成的民族共同体。它不仅包括今天我国现存的 50 多个民族，广义上也包括历史上活动在中国版图的许多古代民族。这个共同体在其形成发展过程中，既包容了各个民族的发展壮大，也包容了各民族的此长彼消，相互吸纳，以至相互混合。陈垣有关多民族统一发展的民族思想，充分说明正是

---

[1]　陈垣：《切韵与鲜卑》，见《陈垣学术论文集》第二集，中华书局 1982 年版，第 454 页。

图3 在陈垣等清室善后委员会成员的努力下，故宫博物院于1925年10月成立。故宫博物院成立后，陈垣（右四）、容庚、胡鸣盛、沈兼士、马衡、李玄伯、黄文弼等人在养性殿合影

在长期的历史发展过程中，各民族的交流、融合和共同建设，才构成了灿烂辉煌又生生不息的中华民族史。

（原载《河南师范大学学报》（哲学社会科学版）2017年第5期）

开辟20世纪中国宗教史研究的道路^[1]

——论陈垣的宗教史研究与宗教史观

陈寅恪在《陈垣〈明季滇黔佛教考〉序》中说:"严格言之,中国乙部之中,几无完善之宗教史,然其有之,实自近岁新会陈援庵先生之著述始。"^[2] 这是对于陈垣开拓宗教史研究领域之功的一个准确评价。陈垣的宗教史研究关注各教的兴衰和传播,而不研究各教的教义。他研究的范围非常广泛,无论是历史上外来的古教,还是世界三大宗教、产生于中国的道教,都有专深的著述。从他的第一篇重要论文《元也里可温教考》起,他就连续写了《开封一赐乐业教考》《火祆教入中

---

[1] 与郭琳合作。

[2] 陈寅恪:《陈垣〈明季滇黔佛教考〉序》,见《金明馆丛稿二编》,生活·读书·新知三联书店2001年版,第272页。

国考》《摩尼教入中国考》等几篇分别考证犹太教、火祆教和摩尼教的宗教史论文，合称为"古教四考"。他编有《道教金石略》，抗日期间又完成了《明季滇黔佛教考》《清初僧诤记》《南宋初河北新道教考》等"宗教三书"和《中国佛教史籍概论》，对佛教和道教进行了深入的研究。他还撰有《基督教入华史略》《回回教入中国史略》等研究基督教和伊斯兰教传播史的论文，以及大批研究宗教人物事迹的篇什，仅基督教史方面的研究，就有论文30多篇，宗教史研究是陈垣史学的重要方面。

陈垣以考据治宗教史，其缜密的历史考证所向披靡，攻克了道道难关，解决了许多历史疑案。在宗教史研究中，陈垣善于在考证的基础上贯通史实，说明历史事实的客观因果关系，阐述不同历史现象的内在联系，从而对历史的一些问题作出综合解释，因而在其著述中，蕴含着丰富的宗教史观。他在研究中国古代宗教传播和发展的历史现象时，能够把宗教现象放到一定的历史环境、一定的历史条件中去认识和理解。在分析和评价宗教现象的时候，能够把宗教现象和产生它们的各种历史条件联系起来，而不是脱离它们的历史环境和历史条件，对它们作孤立的考察，因而往往能做出客观合理的阐释。他的宗教史研究也不脱离宗教传播所处的历史环境和历史条件去分析评价，或作任意的拔高，或以现实的标准去苛求。他坚持信仰自由、宗教平等的立场，以客观公正的态度对待宗教现象和宗教史研究，阐述宗教盛衰与社会政治的密切关系，揭示宗教史在中外交通中的文化史意义。他的研究成果，开辟了 20 世纪中国宗教史研究的道路。

一、主张信仰自由和宗教平等

陈垣的宗教观念，肇始于他早年的基督教信仰。1906 年，他的父亲患膀胱结石病，当地中医治疗无效，后经西医动手术诊治痊愈。当时广州的西医医院，大都是教会医院，这对他的思想有所影响。1907 年他报考了由美国教会创办的广州博济医学院，他的基督教信仰当产生于此时。陈垣虽有基督教信仰，但毕竟他自幼受中国传统文化的熏陶，思想中的民族意识和自尊是很强烈的，这使他对教会学校中美籍教师的傲慢、歧视中国师生的行为，感到无法忍受，便愤然离开博济，与几位爱国志士一起创建了我国第一所西医学校——广州光华医学院，在医学院毕业之后他又留校任教。陈垣主张信仰自由、宗教平等的思想，一方面源自他对宗教的基本看法，他说："从前对于宗教有一个看法，认为在人烦恼的时候，失意的时候，信仰宗教可以得到安慰，因此对任何宗教都有好感。"[1] 既然如此，那么任何宗教都是平等的，人们为了求得精神慰藉，选择哪一种宗教信仰也是自由的。另一方面，则应该是出自一个史学家的本能。陈垣的嫡孙陈智超说："陈垣研究宗教史，是把宗教作为一种历史现象、社会现象，着重研究它的流传以及与政治、文化、经济的关系，而不研究它的教义。他虽然一度信仰过基督教，但在研究中决不厚此薄彼。"[2] 作为一个严肃的史学家，为了客观理性地研究宗教史，信仰自由、宗教平等思想自然也会成为陈垣宗教史观的一个基调。

---

[1] 陈垣：《自我检讨》，见《陈垣全集》第 22 册，安徽大学出版社 2009 年版，第 614 页。

[2] 陈智超：《史学家陈垣传略》，见《陈智超自选集》，安徽大学出版社 2003 年版，第 114 页。

（一）"唯自由信仰为真信仰"

陈垣主张宗教信仰自由，在其宗教史研究中，每遇有关信仰自由者，便有所阐发。唐德宗时李泌为相，出入禁中，处事有方，数为权幸所疾，然常以智免。《唐书》称其有智，但又说他"常持黄老鬼神说，故为人所讥"，胡三省注《通鉴》时，为李泌辩护。陈垣则以此事为由，阐发了信仰自由的主张。他说："李泌之笃好黄老，乃其个人之信仰与修养，与国家社会何损？必以此讥之，岂非不爱成人之美者乎！"他举《宋元学案》中所载一批学者，信仰佛教，虽为时儒所讥，但都治学有成、风节凛凛，所以全祖望依然将他们收入学案之中。陈垣认为"学佛自是其个人修养，何负于国？李泌之于黄老，亦犹是耳。身之详为之辩，而独以智许之，深得信仰自由之义，其识远矣"[1]。甚为赞同胡三省信仰自由的观念，以此为高远之见。

元泰定元年二月，泰定帝宣谕也里可温各如教具戒。陈垣分析说："夫曰戒，即教中之诫命也。吾初质

---

[1] 陈垣：《通鉴胡注表微》，辽宁教育出版社 1997 年版，第 275、276 页。

疑教徒之具戒，何至烦帝者之为敕谕；既而知元代诸教并重，时方尊礼帝师（佛教），或不无强人领受佛戒之事。观于世祖之命廉希宪受戒（佛戒），希宪对曰：'臣受孔子戒矣。'帝曰：'孔子亦有戒耶！'由此推之，当时之也里可温，亦必有因不肯受佛戒，然后有此信仰自由之宣谕也。"[1] 他很欣赏元代宗教信仰自由的现象，甚至一个家族之中，也可自由选择不同的信仰，比如马祖常家族，"老辈皆奉基督，后生则为道为儒，分道扬镳，可谓极信仰之自由者矣"[2]。信仰有世袭信仰、自由信仰。陈垣曰："世代为基督徒者，其信仰属于遗传，吾谥之曰'世袭信仰'。世袭信仰非出于自由，唯自由信仰乃真信仰。"[3]

有关"自由信仰乃真信仰"的看法，在别的著述中还有申说。他曾为清人许缵曾作传，记其幼年随母皈依天主教，然成年之后终不能敌世俗之熏陶，故曰："余因有感于幼年知识未定之人，其领洗不尽足恃，

---

[1] 陈垣：《元也里可温教考》，见《陈垣学术论文集》第一集，中华书局 1980 年版，第 8 页。

[2] 陈垣：《元西域人华化考》，上海古籍出版社 2008 年版，第 21 页。

[3] 陈垣：《元西域人华化考》，上海古籍出版社 2008 年版，第 21 页。

以其信仰非自动而被动也。"[1]之所以强调这个问题，也是为了彰显以个人独立意志自由选择信仰之权利和意义。

关于信仰自由的思想和根据，《通鉴胡注表微·释老篇》小序有较为集中的阐述，他说：

> 信仰贵自由，佛老不当辟，犹之天主不当辟也。且孟子尝距杨墨矣，杨墨何尝熄，杨墨而熄亦其有以自致，非由孟子之距之也。韩昌黎辟佛亦然，唐末五代禅宗之盛，反在昌黎辟佛以后，其效可睹矣。况隋唐以来，外来宗教如火祆、摩尼、回回、也里可温之属，皆尝盛极一时，其或衰灭，亦其教本身之不振，非人力有以摧残之。[2]

他举宗教史上的若干事例，以说明宗教是一种客观的社会现象，有其内在的消长规律，非外力所能最终窒息。因此，尊重个人的信仰自由，也是尊重宗教

---

[1]　陈垣:《华亭许缵曾传》，见《陈垣学术论文集》第一集，中华书局1980年版，第 129 页。

[2]　陈垣:《通鉴胡注表微》，辽宁教育出版社 1997 年版，第 267 页。

发展的客观规律。

（二）"道并行而不悖"

陈垣始终坚持宗教平等的立场，反对宗教之间的相互攻击和倾轧。他在《摩尼教入中国考》中说："吾读基督教史，无不诋毁摩尼教。吾读佛教史，亦无不诋毁摩尼教。所谓各是其所是，非其所非也。"[1] 批评了宗教间各自标榜、以己之见讥訾对方的狭隘心态。相反，他非常赞赏回教尊重他人的态度。他说，"回教不攻击儒教"，"回教徒对于孔子，独致尊崇，故能与中国一般儒生不生恶感"[2]。

他主张各宗教之间要和平共处，互相学习。民国时基督教士张纯一撰《耶稣基督人子释义》，征序于陈垣。陈垣很赞赏张氏精研佛典，"以佛说谈耶理"的做法，他说："吾友张子仲如，好以佛说谈耶理，以是为一般拘泥之基督教牧所不悦，仲如不顾也。仲如盖确

[1] 陈垣：《摩尼教入中国考》，见《陈垣学术论文集》第一集，中华书局 1980 年版，第 361 页。

[2] 陈垣：《回回教入中国史略》，见《陈垣学术论文集》第一集，中华书局 1980 年版，第 559 页。

有所见，谓中国现有诸教把臂入林者，惟佛庶几耳。恒人不入人室，而妄在门外评骘人室中铺陈之美恶，未见其能有当也。"[1] 他在序言中阐述宗教间应该友好相处、互相学习的主张：

> 佛教史所谓三武一宗之厄，毁佛像，焚佛经，坑沙门，又与雍乾诸帝之禁基督教，及数十年前之仇教者何以异？皆以其为外国之教而排斥之也。吾读史至此，未尝不掩卷而悲，与有同感。[2]

他列举佛耶两教都曾受谤禁的史实，认为不同宗教皆有相同的遭遇，故应相互同情，进而相互学习。他说：

> 顾尝闻大秦寺僧景、净曾与沙门般若有同事翻经之雅（《贞元释教录》十七），会昌毁佛，大

---

[1] 陈垣：《耶稣基督人子释义序》，见《陈垣全集》第 2 册，安徽大学出版社 2009 年版，第 406—407 页。

[2] 陈垣：《耶稣基督人子释义序》，见《陈垣全集》第 2 册，安徽大学出版社 2009 年版，第 406—407 页。

> 秦穆护同受摧残（《唐会要》四十七），基督教之
> 于佛，可谓患难之交矣。使二教有志之士，能尽
> 如仲如之互易其经，虚心研诵，不为门外之空辩，
> 固必有最后觉悟及最后决定之一日也。又何必深
> 闭固拒，鳃鳃然惧歧路之多亡哉！[1]

陈垣指出，基督教和佛教有共同译经的美好经历，也有同受损害的痛苦遭遇，是患难之交，所以应该像张纯一那样互通经典、"虚心研诵"，不作无据之歧视，而"深闭固拒"；只有研读对方经典之后，才能对彼此的宗教有最终的清楚了解和认识。这篇序文撰于1919年，是陈垣早期对信仰自由、宗教平等，各教之间相互尊重、互相学习等主张的具体表达。

陈垣虽曾有过宗教信仰，但他从不抱个人成见，偏袒一方，而是以客观公正的立场对待各种宗教。在他的宗教史研究著作中，曾多次批评历史上有些学者对待宗教的不公正态度。比如，在《摩尼教入中国考》中，他举二则陆游攻击摩尼教的材料之后说：

---

[1] 陈垣:《耶稣基督人子释义序》，见《陈垣全集》第2册，安徽大学
　　出版社2009年版，第406—407页。

　　　然谓明教经诞谩无可取，直俚俗习妖妄者所
为，则韩愈毁佛故智耳。明季天主教入中国，信
之者多一时名士。然清《四库总目》(子部杂家类
存目二) 批评天主教著述，辄谓其诞谩支离，莫
可究诘。陆游之论明教，抑何与纪昀等之论人主
教同也？此中国儒者习气也。[1]

　　他列举不同时代的儒者对不同宗教的讥讽，如出
一辙，皆施以"诞谩""妖妄"等空洞无据的诋毁，这
是极不合理的。他认为学者对于宗教应该有包容之胸
怀："孔子称'攻其恶，无攻人之恶'，使孔子而知有
异教，必以为西方之圣而尊敬之。故吾人当法孔子之
问理于老聃，不当法孟子之距杨墨也。"[2]他在《通鉴胡
注表微》中多处盛赞胡三省通晓宗教和客观公正地对
待不同宗教的学识，他说：

---

[1]　陈垣:《摩尼教入中国考》，见《陈垣学术论文集》第一集，中华书
　　局 1980 年版，第 366 页。

[2]　陈垣:《通鉴胡注表微》，辽宁教育出版社 1997 年版，第 267 页。

> 胡身之注《通鉴》，于释老掌故，类能疏通疑滞，间有所讥切，亦只就事论事，无辟异端习气，与胡明仲《读史管见》之攘臂而争者不同，足觇其学养之粹，识量之宏也。[1]

又说：

> 身之于二氏之学，夙所通究，故注中无矫激之谈。《中庸》言："万物并育而不相害，道并行而不悖。"尊此者固不必以抑彼为能也。[2]

相比之下，韩愈毁佛，陆游之论明教（摩尼教），纪昀《四库总目》之论天主教，他贬之曰："此中国儒者习气也。"[3] 这就是陈垣主张信仰自由、宗教平等的公正态度。

---

[1] 陈垣：《通鉴胡注表微》，辽宁教育出版社 1997 年版，第 267 页。

[2] 陈垣：《通鉴胡注表微》，辽宁教育出版社 1997 年版，第 278 页。

[3] 陈垣：《摩尼教入中国考》，见《陈垣学术论文集》第一集，中华书局 1980 年版，第 366 页。

二、揭示宗教与政治的关系

陈垣说:"吾国民族不一,信仰各殊,教争虽微,牵涉民族,则足以动摇国本,谋国者岂可不顾虑及此。"[1] 指出宗教与政治有密切的联系,能否妥善处理宗教问题,关系到政权的生死存亡。因而他的宗教史研究,特别注意从政治角度考察宗教的兴衰。

(一)政治与宗教之相互影响

在他的宗教史研究中,多次说明古代外来宗教在中国的传播和盛衰,常常与政治势力的变化有关。他说:"宗教无国界,宗教与政治,本分两途。然有时因传教之利便,及传教士国籍之关系,不得不与政治为缘。于是宗教之盛衰,每随其所信奉之民族为消息。"[2] 摩尼教借助回鹘的势力得以在中国传播,"回鹘势力入唐之际,正摩尼得志回鹘之时。唐人与回鹘交频繁,

---

[1] 陈垣:《通鉴胡注表微》,辽宁教育出版社 1997 年版,第 267 页。

[2] 陈垣:《摩尼教入中国考》,见《陈垣学术论文集》第一集,中华书局 1980 年版,第 347 页。

摩尼教在中国之势力，遂随之膨胀"[1]。火祆教能够流传中国，亦有政治因素。"唐代之尊崇火祆，有类于清人之尊崇黄教，建祠设宫，岁时奉祀，实欲招来西域，并非出自本心；然则唐代两京之有火祆祠，犹清京师各处之有喇嘛庙耳。"[2] 当然，外教入华之初，往往亦因政治原因，受到某些传播范围的限制，"许外国人自行，而不许中国人信奉，二千年来，外教之入中国者，其始胥如此"[3]。

政治环境的变化，不仅关系到宗教传播的消长，又常常会影响到宗教内部的纷争。陈垣《清初僧诤记》卷三《新旧势力之诤》之三"善权常住诤"，记述了清初佛教禅宗内部临济宗与曹洞宗纷争之事。临济宗禅师玉林琇因追附新朝顺治皇帝，号为"国师"，他仗势欺人，霸占曹洞宗在江苏宜兴的寺庙善权寺，派其徒白松丰入寺为住持，引起两派纠纷。后当地追随曹洞

---

[1] 陈垣：《摩尼教入中国考》，见《陈垣学术论文集》第一集，中华书局 1980 年版，第 338 页。

[2] 陈垣：《火祆教入中国考》，见《陈垣学术论文集》第一集，中华书局 1980 年版，第 316 页。

[3] 陈垣：《摩尼教入中国考》，见《陈垣学术论文集》第一集，中华书局 1980 年版，第 335 页。

宗的陈氏族人与白松丰发生矛盾，又借三藩叛乱，江南反清民变日炽之势，火烧善权寺，焚死白松丰。陈垣考证善权寺之变始末，指出："此事与三藩之叛有关，盖凡一新势力发生，旧势力为之推倒，必思乘时报复，此自然之理也。""可见宗教与政治之关系。"[1]陈垣此书写于抗日战争时期，出于对当时汉奸附敌为虐的痛恨，他揭露、批评了清初临济宗木陈忞、玉林琇之流借新朝势力欺压同类的卑鄙行为，曰："夫二人者，性格似绝不同，然借新朝势力欺压同侪，则并无二致。所以彼此谤书皆盈束，非至死而诤不息也。"[2]

（二）政治与宗教之消长

陈垣认为，人逢乱世或不得志，往往欲求宗教得以庇护和解脱，因而宗教盛于政治混乱之时代。他说：

> 人当得意之时，不觉宗教之可贵也，惟当艰难困苦颠沛流离之际，则每思超现境而适乐土，乐土不易得，宗教家乃予以心灵上之安慰，此即

---

[1] 陈垣：《清初僧诤记》，中华书局 1962 年版，第 82、83 页。

[2] 陈垣：《清初僧诤记》，中华书局 1962 年版，第 85 页。

乐土也。故凡百事业，丧乱则萧条，而宗教则丧
乱皈依者愈众，宗教者人生忧患之伴侣也。[1]

　　士人往往于社会动乱时皈依宗教，以求精神之寄
托。《通鉴胡注表微·释老篇》阐述了六朝时士人失意
向教的风气，曰："当时事佛风习，无间南北，盖荒乱
之极，精神无所寄托，相率而遁于玄虚，势使然也。"[2]
此风一直延续到唐初，"唐初承南北朝丧乱之余，豪
杰之士，多栖心宗教，了澈生死"[3]。明季佛教复兴亦
似六朝情形，不能脱离乱世背景。陈垣曰："明季中原
沦陷，滇黔犹保冠带之俗，避地者乐于去邠居岐，故
佛教益形热闹。"[4] 又曰："黔南传灯之盛，固自有原因，
一佛教复兴，二中原丧乱也，二因缺一，不能成其

---

[1] 陈垣：《明季滇黔佛教考》，见《明季滇黔佛教考（外宗教史论著八
　　种）》，河北教育出版社 2000 年版，第 452 页。

[2] 陈垣：《通鉴胡注表微》，辽宁教育出版社 1997 年版，第 272 页。

[3] 陈垣：《通鉴胡注表微》，辽宁教育出版社 1997 年版，第 286 页。

[4] 陈垣：《明季滇黔佛教考》，见《明季滇黔佛教考（外宗教史论著八
　　种）》，河北教育出版社 2000 年版，第 234 页。

盛。"[1] "丧乱之余,信仰宗教之念愈切。"[2] 信仰宗教之念愈切,源于政治丧乱之由。

宗教的兴盛、新教的产生,也往往起于乱世。南宋金元之际,王重阳、刘德仁、萧抱珍创立全真、大道、太一等三教,正是出于乱世。"靖康之乱,河北黉舍为虚,士流星散,戕留者或竟为新朝利用,三教祖乃别树新义,聚徒训众,非力不食,其始与明季孙夏峰、李二曲、颜习斋之伦讲学相类,不属以前道教也。迨儒门收拾不住,遂为道家扳去,然固汴宋遗民也。""三教祖皆北方学者,而能以宽柔为教,与金元二代相始终,殆所谓化胡功毕,于以西升耶,不然,何其适也。呜呼!自永嘉以来,河北沦于左衽者屡矣,然卒能用夏变夷,远而必复,中国疆土乃愈拓而愈广,人民愈生而愈众,何哉?此固先民千百年之心理艰苦培植而成,非幸致也。三教祖之所为,亦先民心力表见之一

---

[1] 陈垣:《明季滇黔佛教考》,见《明季滇黔佛教考(外宗教史论著八种)》,河北教育出版社 2000 年版,第 258 页。

[2] 陈垣:《南宋初河北新道教考》,见《明季滇黔佛教考(外宗教史论著八种)》,河北教育出版社 2000 年版,第 608 页。

端耳。" [1]

河北新道教的兴起，引起金朝统治者的猜忌。

> 欲于专制之时，创一教，立一说，以移易天
> 下者，恒有左道惑众之嫌，言殊见疑，行殊得辟，
> 由来久矣。倘统治者为非类，其猜忌尤甚，不知
> 全真诸教何以能崛兴于完颜之代也。且金人既据
> 河北，中国民情不服，乱言伏诛之事，史不绝书。[2]

因此《金史》多记"谋反""谋叛""乱言"伏诛事。
全真教因被猜忌，屡遭劫难，但是却在磨难中不断发
展。陈垣说："（姚）牧庵言全真之势似火，逾扑逾炽，
吾言全真实似水，水至柔弱，故天下莫比其坚强也。" [3]

全真教等三教之所以能于逆境中发展，从政治上
看，也是由于统治者的政治腐败，不得人心。陈垣说：

---

[1] 陈垣：《南宋初河北新道教考》，见《明季滇黔佛教考（外宗教史论著八种）》，河北教育出版社 2000 年版，第 568 页。

[2] 陈垣：《南宋初河北新道教考》，见《明季滇黔佛教考（外宗教史论著八种）》，河北教育出版社 2000 年版，第 612 页。

[3] 陈垣：《南宋初河北新道教考》，见《明季滇黔佛教考（外宗教史论著八种）》，河北教育出版社 2000 年版，第 616 页。

"人民信服全真之事，随处可见。即其推进之远，传布之速，已足惊人……然全真何以能得人信服乎？窃尝思之，不外三端，曰异迹惊人，畸行感人，惠泽德人也。"[1] 又说："全真家能攻苦，能治生，又能轻财仗义，济人之急，人民信服，至于讼狱者不之官府而知全真，斯其效大矣。全真家深得财聚民散，财散民聚之奥者也。"[2] 太一教亦深得人民信服："太一教之兴，其徒类能薄世味，举室清修，倾资产以奉教会，得人信仰若此，奇也。"[3] 大道教也存在遗民自治，不服从金元统治，陈垣说："教起于国亡以后，遗民自相保聚，有争端听教长调解，不肯赴有司，此美俗也。"[4] 全真、大道、太一等三教得人信服，撼动了金元的统治。他从政治上分析："窥全真立教之微旨，盖隐然以汴宋之亡，欲

---

[1] 陈垣：《南宋初河北新道教考》，见《明季滇黔佛教考（外宗教史论著八种）》，河北教育出版社 2000 年版，第 603 页。

[2] 陈垣：《南宋初河北新道教考》，见《明季滇黔佛教考（外宗教史论著八种）》，河北教育出版社 2000 年版，第 605 页。

[3] 陈垣：《南宋初河北新道教考》，见《明季滇黔佛教考（外宗教史论著八种）》，河北教育出版社 2000 年版，第 685 页。

[4] 陈垣：《南宋初河北新道教考》，见《明季滇黔佛教考（外宗教史论著八种）》，河北教育出版社 2000 年版，第 653 页。

与完颜、奇渥温氏分河北之民而治也。"[1]认为全真教等新道教的出现，隐然有在北宋灭亡之后，向金元争河北民心的意向。

陈垣还认为，讨论宗教不能脱离政治，是说宗教与政治有互相影响的密切联系，但不能把二者混同为一，否则便将祸国。他说：

> 离政治而言宗教，或以宗教为个人之修养，岂不甚善。梁武帝等之于宗教，弊在因宗教而废政治，或与政治混而无别，遂以祸国，宗教不任其咎也。[2]

梁武帝之害国，就是因为没有正确认识个人宗教信仰与政治的不同性质。

---

[1] 陈垣：《南宋初河北新道教考》，见《明季滇黔佛教考（外宗教史论著八种）》，河北教育出版社 2000 年版，第 606 页。

[2] 陈垣：《通鉴胡注表微》，辽宁教育出版社 1997 年版，第 271 页。

三、从文化视角研究宗教史

从文化的角度考察宗教的传播发展与文化之间的
关系，是陈垣宗教史思想的另一个特色。宗教是自然
力量与社会力量在人的意识中的虚幻反映，通过对某
种自然的或超自然的信仰和崇拜而生成。这种信仰和
崇拜是以某种文化为基础的，宗教之所以能超出国界、
民族而传播流行，也是借助于文化的相互交流和融合。
陈垣有这样清醒的思想认识基础，从而保证了他的宗
教史研究在科学理性的轨道上发展和深入。在他的宗
教史研究著述和《元西域人华化考》《通鉴胡注表微》
中有许多关于宗教与文化的思想和精彩论述。

（一）宗教与儒学

陈垣曾论述宗教与儒学相互吸收，儒学引入佛、
道之学而生成理学。他说：

> 宋元以来，中国儒学史上，有所谓理学或称
> 道学一派，吾不知其称名当否，然其实确与汉唐

以来儒学不同，盖儒学中之杂有道家及禅学之成分者也，元儒学既有此一派。[1]

中华文化有强大的生命力和影响力，外来民族与宗教入居中土，二三世后便融入中华文化的体系。《元西域人华化考》卷二《儒学篇》记述了元代佛教徒阿鲁混萨理受儒学影响的事迹。论曰："元时佛教世家，无过阿鲁混萨理，三世精佛学，父为释教总统，身受业于国师八思马，以此世袭信仰，其思想宜不易动摇也，而抑知事实上不然。特患其不通中国之文，不读中国之书耳，苟习其文，读其书，鲜有不被其陶化者。"又曰："孔子之道之所以能见重于元者，亦纯赖有多数异教西域人，诵其诗，读其书，倾心而辅翼之也。"[2] 陈垣还论及佛教徒的华化，指出："倘其佛学系由汉译经论，或由晋唐以来之支那撰述而得，而又非出家剃度，身为沙门，仅以性耽禅悦，自附于居士之林，则不得不谓之华化……若西域人既邃于汉学，又以境遇或性

---

[1] 陈垣：《元西域人华化考》，上海古籍出版社 2008 年版，第 11 页。
[2] 陈垣：《元西域人华化考》，上海古籍出版社 2008 年版，第 25 页。

近之故，去而谈禅，则可谓之双料华化矣。"[1]

宗教有女学，寺观中还保存有古代典籍，因而也对儒家教化有所助益。陈垣说："儒家无女学，道家有女学也。礼失求野，文教之保存，每不在黉舍而在寺观。"[2]许多寺观都富有藏书，道教的《道藏》中还收有儒家易经类的多种典籍，明清藏书家常利用《道藏》来校勘传世古籍，就是明显的例证。

（二）宗教与文学艺术

宗教还与文学艺术有密切联系，陈垣认为佛教能在中国传播的原因还在于能利用文学艺术。他说："文学是士大夫接近的唯一工具。""借诗来交结士大夫，是中国佛家的秘诀。"[3]在佛教利用文学结交士大夫的过程中，还影响了文学的发展。自南北朝起，诗人就逐渐以佛语入诗，唐诗中"则'禅房花木深'，'僧敲

[1] 陈垣：《元西域人华化考》，上海古籍出版社 2008 年版，第 32 页。

[2] 陈垣：《南宋初河北新道教考》，见《明季滇黔佛教考（外宗教史论著八种）》，河北教育出版社 2000 年版，第 607 页。

[3] 陈垣：《佛教能传布中国的几种原因》，见《陈垣全集》第 2 册，安徽大学出版社 2009 年版，第 738、739 页。

月下门'，'姑苏城外寒山寺'等句，俯拾即是"[1]。佛教的思想渗入了诗歌，诗人以禅拟诗、以禅参诗、以禅品诗，赋予诗歌宁静淡泊的风格和空灵悠远的意境。

在美术方面，佛教不仅丰富了中国绘画的内容，而且影响了绘画的风格和人们评价的标准。陈垣列举了佛教高僧中许多书画名家，如陈朝的智永，隋朝的智果，唐朝的怀仁、怀素，宋朝的梦瑛都是有名的书家。六朝的顾恺之、陆探微、张僧繇，唐朝的吴道子，五代的贯休，宋代的巨然都是有名的画家。《历代名画记》记载寺观壁画200多处，其中佛寺壁画占9/10；宋元以后，更兴起了以禅品画之风。陈垣说："至于其他美术，如寺塔、造像、写经、壁画等，无一不是佛教遗物，离开佛教来言中国美术，中国美术要去了一大半。"[2]

---

[1] 陈垣：《基督教入华史略》，见《陈垣学术论文集》第一集，中华书局1980年版，第91页。

[2] 陈垣：《佛教能传布中国的几种原因》，见《陈垣全集》第2册，安徽大学出版社2009年版，第741、742页。

（三）宗教与地方文化

宗教还为落后区域的经济开发和文明传播作出了杰出贡献。他认为："宗教每为文化先锋，理或然钦。"[1] "元明以来，滇黔初辟，多未设学，合全省书院学宫之数，曾不敌　府寺院十之　。"[2] 到了晚明时期，由于中原僧侣和入教士大夫流徙边地，西南地区寺院藏经遍布，学术文化大兴，与明中叶以前相比，大不相同：

前此藏经，率皆梵筴，印造不易，请施尤难，宇内丛林，有藏经者十不得一，遐陬僻壤，更终年莫睹一经矣。殆运会即开，流风遂扇，宫廷既有全藏之颁，林下复有方册之刻，赍经之使，不觉于途，名山之藏，灿然大备。今可考见者，鸡山一隅，即有藏经十部，各建专室，特设知藏，

---

[1] 陈垣：《明季滇黔佛教考》，见《明季滇黔佛教考（外宗教史论著八种）》，河北教育出版社 2000 年版，第 368 页。

[2] 陈垣：《明季滇黔佛教考》，见《明季滇黔佛教考（外宗教史论著八种）》，河北教育出版社 2000 年版，第 327 页。

所贮与院藏书埒，或且过之，与尊经阁之常拥虚
名，藉培植风水者，尤不可同日而语，则当时佛
教之盛，非偶然也。[1]

陈垣在《明季滇黔佛教考》中，阐论了佛教对西
南地区经济文化开发的作用。一是僧徒极具吃苦耐劳
之拓殖本领，这不仅使佛教兴盛，亦使滇黔得以开辟。
他说：

滇黔之开辟，有赖于僧侣……盖探险一事，
惟僧有此精神；行脚一事，惟僧有此习惯，兼以
滇黔新辟，交通梗阻，人迹罕至，舍僧更无引路
之人，舍寺更无栖托之地，其不能不以僧为伴，
以寺为住者，势也。[2]

又指出明季滇黔佛教之盛，"尚有一特别原因，

---

[1] 陈垣：《明季滇黔佛教考》，见《明季滇黔佛教考（外宗教史论著八
种）》，河北教育出版社 2000 年版，第 303 页。

[2] 陈垣：《明季滇黔佛教考》，见《明季滇黔佛教考（外宗教史论著八
种）》，河北教育出版社 2000 年版，第 372 页。

则僧徒拓殖之本领是也。僧徒何独有此本领？则以刻苦习劳冒险等习惯，为僧徒所恒有，往往一瓢一笠，即可遍行天下。故凡政治势力未到之地，宗教势力恒先达之"[1]。僧徒拓殖于滇黔的深山老林，"乃官吏士绅不能为，必待僧侣而为之，岂非以其有利人之精神也"[2]。"一则人住，一则利人行， 则利人饮，皆宗教利人精神之表现也。"[3]

二是逃禅士人为当地营造了文化氛围，带动了文化的兴起。明季逃禅之西南地区的士人人数颇多，史书有明确记载者数十人，他们在当地或因山水风光、感情宣泄而吟诗作文，或因有追随者而讲学，对提高当地文化水平发挥了作用。以明末文章高手陈启相为例，陈垣引《黔诗纪略》之记载，述陈启相隐居遵义县南平水里，掌台山寺，自称掌山老人。"遵义人才

---

[1] 陈垣：《明季滇黔佛教考》，见《明季滇黔佛教考（外宗教史论著八种）》，河北教育出版社 2000 年版，第 358 页。

[2] 陈垣：《明季滇黔佛教考》，见《明季滇黔佛教考（外宗教史论著八种）》，河北教育出版社 2000 年版，第 367 页。

[3] 陈垣：《明季滇黔佛教考》，见《明季滇黔佛教考（外宗教史论著八种）》，河北教育出版社 2000 年版，第 369 页。

之开,掌山功最巨。"[1] 此外,僧侣传教还借用许多神话,用以感通俗众,这些神话广为流传,生成一种新的地方文化。陈垣论曰:"凡一文化之兴,其先必杂有神话,神话者不可以常理解释之奇迹也……滇黔神话则多出自僧侣,然则滇黔之开辟,有赖于僧侣可知也。"[2]

（四）宗教与士人阶层

在中国古代宗教史发展中,士人是不可或缺的角色,因宗教既与文化密不可分,故知识阶层与宗教的传播发展有密切的联系。陈垣研究外来宗教时曾指出:"南宋摩尼教信者,固多智识阶级之人也。"又曰:"明季天主教入中国,信之者多一时名士。"[3] 外来宗教之所以能够在中国传播,正是借助了中国士人,把中西文化融合在一起,为推广其信仰与崇拜提供了基础和条件。

---

[1] 陈垣:《明季滇黔佛教考》,见《明季滇黔佛教考（外宗教史论著八种）》,河北教育出版社 2000 年版,第 212、213 页。

[2] 陈垣:《明季滇黔佛教考》,见《明季滇黔佛教考（外宗教史论著八种）》,河北教育出版社 2000 年版,第 372 页。

[3] 陈垣:《摩尼教入中国考》,见《陈垣学术论文集》第一集,中华书局 1980 年版,第 366 页。

古代中外宗教都十分重视结纳士人，通过思想、学术、文化的交流，相互借鉴、吸收，以此推动宗教势力的扩张。陈垣曰：

> 古之治方术者多矣，然或传或不传，其故不一端，而有无士类为之推毂，亦其一因也。语曰"射人先射马，擒贼先擒王"，欲其教广传，而不先罗致知识分子，人几何不疑为愚民之术，不足登大雅之堂邪！全真王重阳本士流，其弟子谭、马、丘、王、郝，又皆读书种子，故能结纳士类，而士类亦乐就之。况其创教在靖康之后，河北之士正欲避金，不数十年又遭贞祐之变，燕都亡覆，河北之士又欲避元，全真遂为遗老之逋逃薮。[1]

又曰：

> 夫全真家之好与士流接者，必其兼通儒学者也，即不通儒学，而于士流末务，如文字之属，

---

[1] 陈垣：《南宋初河北新道教考》，见《明季滇黔佛教考（外宗教史论著八种）》，河北教育出版社 2000 年版，第 585 页。

必有一长，方足于世接。[1]

宋元之际河北新道教的开创者都是生于斯长于斯的土庶士大夫，传统的士人精神非常突出。因其为北宋遗民，其身份固为知识分子，深受儒家思想与夷夏之辨观念的熏染，傲立于世，不苟同世变，不随波逐流，为保全节操而创立全真、大道、太一诸教。陈垣说："以逸民名初期之全真，诚得全真之真相。"[2]"全真之初兴，不过'苟全性命于乱世，不求闻达于诸侯'之一隐修会而已。世以其非儒非释，漫以道教目之，其实彼固名全真也，若必以为道教，亦道教中之改革派耳。"[3]他从北宋士大夫为保全气节，逃避现实政治，归隐于宗教的根源出发，分析了全真教产生的原因和特点。

大道教也是宋南渡后出现的新教，其精神与全真教亦相类。陈垣说："观其所谓不肯婴世故，蹈乱离，

---

[1] 陈垣：《南宋初河北新道教考》，见《明季滇黔佛教考（外宗教史论著八种）》，河北教育出版社 2000 年版，第 589 页。

[2] 陈垣：《南宋初河北新道教考》，见《明季滇黔佛教考（外宗教史论著八种）》，河北教育出版社 2000 年版，第 576 页。

[3] 陈垣：《南宋初河北新道教考》，见《明季滇黔佛教考（外宗教史论著八种）》，河北教育出版社 2000 年版，第 576 页。

佯狂独往与山泽之间，力耕作，治庐舍，联络表树，自相保守，非遗民生活而何，然自来录宋遗民者多忽之，抑又何也。"[1] 又曰："（大道教）不务化缘，自力耕桑以足衣食，夫缘且不化，更何求于人，而蝇营狗苟以干利禄乎！所谓不降其志，不辱其身，夷齐之所以称高，遗民之所以可贵者此也。"[2]

陈垣经考证，指出太一教初祖萧抱珍也是北宋遗民，"当生宋徽宗大观初"[3]。因此太一教也呈现出一些士人的传统观念，"太一教之兴，其徒类能薄世味，举室清修，倾资产以奉教会"[4]。而且以传统忠孝伦理维护教会组织，"太一嗣教，例需改从萧姓，吾始以谓他人父疑之，继思其效释氏耳。自古宗教类能以忠

[1] 陈垣：《南宋初河北新道教考》，见《明季滇黔佛教考（外宗教史论著八种）》，河北教育出版社 2000 年版，第 639 页。

[2] 陈垣：《南宋初河北新道教考》，见《明季滇黔佛教考（外宗教史论著八种）》，河北教育出版社 2000 年版，第 642 页。

[3] 陈垣：《南宋初河北新道教考》，见《明季滇黔佛教考（外宗教史论著八种）》，河北教育出版社 2000 年版，第 664 页。

[4] 陈垣：《南宋初河北新道教考》，见《明季滇黔佛教考（外宗教史论著八种）》，河北教育出版社 2000 年版，第 685 页。

孝为本，动谓异教为无父无君者，迂腐之谈耳"[1]。太一教亦喜与士人交游。陈垣曰："道人而'乐于贤大夫游'，知其好学。遁世而莫知其所往，见其不争。游心翰墨，有魏晋间风格，或与书符有关，此陈寅恪先生天师道与书法关系说也。"[2]

全真教与士人交游读书，吸纳士人入教，刊行《道藏》，保留读书种子，发扬汉民族传统文化，这是其真实的用意。陈垣说：

> 全真家之刊行《道藏》，将以承道家统绪，留读书种子也。
>
> 《道藏》虽不讲"三纲五常"，而包含中国固有杂学，如儒墨名法史传地志医药术数之属无不备，固蔚然一大丛书也。能寝馈于斯，虽伏处山谷，十世不仕，读书种子，不至于绝，则全真家刊行《道

---

[1] 陈垣：《南宋初河北新道教考》，见《明季滇黔佛教考（外宗教史论著八种）》，河北教育出版社 2000 年版，第 684 页。

[2] 陈垣：《南宋初河北新道教考》，见《明季滇黔佛教考（外宗教史论著八种）》，河北教育出版社 2000 年版，第 665 页。

藏》之意义大矣。[1]

又曰:

　　天下岂有不读书之教士，而能张大其教者乎。[2]

　　因佛教之注意文化，特别是有些高僧有较高的文化修养，故士人乐于接触。士人的禅悦风气，是明季佛教兴盛的原因之一。陈垣说:"万历而后，禅风浸盛，士夫无不谈禅，僧亦无不欲与士夫结纳。"[3]又曰:"禅悦，明季士夫风气也，不独滇黔，然滇黔士夫已预其

[1] 陈垣:《南宋初河北新道教考》，见《明季滇黔佛教考（外宗教史论著八种）》，河北教育出版社 2000 年版，第 596 页。

[2] 陈垣:《南宋初河北新道教考》，见《明季滇黔佛教考（外宗教史论著八种）》，河北教育出版社 2000 年版，第 684 页。

[3] 陈垣:《明季滇黔佛教考》，见《明季滇黔佛教考（外宗教史论著八种）》，河北教育出版社 2000 年版，第 334 页。

流矣。"[1] "明季士夫禅悦之风，至清初未坠也。"[2] 到了南明永历时，不仅佛教受到士人的重视，基督教、道教也受到重视，各教竞相发展，"士大夫热心宗教者，往往耶释不分，僧道并重"[3]。

四、论宗教史籍的史学价值

陈垣的宗教史观还包括他深刻揭示了宗教史籍、史料的重要史学价值。他撰写《明末清初教士译著现存目录》，记载天主教史籍的状况。他编纂《道家金石略》，收集自汉代迄明代 1000 余种道教碑文，以为道教史和历史研究所用。最为突出的是他撰著《中国佛教史籍概论》一书，论列史学研究常用佛教史籍 35 种，精辟阐述佛教史籍的史学价值。《中国佛教史籍概论》不仅是一部学术水平较高的目录专著，而且是史学研

---

[1] 陈垣：《明季滇黔佛教考》，见《明季滇黔佛教考（外宗教史论著八种）》，河北教育出版社 2000 年版，第 333 页。

[2] 陈垣：《明季滇黔佛教考》，见《明季滇黔佛教考（外宗教史论著八种）》，河北教育出版社 2000 年版，第 345 页。

[3] 陈垣：《明季滇黔佛教考》，见《明季滇黔佛教考（外宗教史论著八种）》，河北教育出版社 2000 年版，第 463 页。

究的重要参考书。撰著《中国佛教史籍概论》，"以为史学之助"，是陈垣的初衷。可以说，这部著作的撰写，完全实现了他的目的。其论宗教史籍的史学价值，裨益史学研究之功，可从如下几方面来看。

（一）发掘史学研究新材料

中国佛教史籍，历来与列朝史事密切相关，它作为史学研究的资料宝库，却很少被人所注意和利用，直到《中国佛教史籍概论》问世，佛教史籍的史料价值，才被系统地发掘出来。书中在论述每部佛籍时，总是钩沉索隐，为读者指示该书的史料价值，在一些解题中，还专门辟有"本书在史学上的利用"专题，深入进行阐释。例如：卷一论《出三藏记集》，陈垣从史源学的角度，分析此书为历代文史著作所采用之后，着重指出："此书撰自裴注《三国志》后，为裴松之所未见，故魏吴诸僧事，可补《三国志注》者尚多。"又如宋代释道原所著《景德传灯录》30卷，采唐末五代诸僧名言至行，达 1000 余人，陈垣分析它的史料价值时说："一部《景德传灯录》，不啻一部唐末五代高逸传，惜乎欧、宋二公皆不喜佛，故《新唐书》

及《五代史》皆阙失此等绝好资料焉。"[1] 说明了《景德传灯录》一书可补《新唐书》与《新五代史》的重要作用。再如，《高僧传》卷十三《昙迁传》，记《后汉书》作者范晔被杀后，门有十二丧，无敢近者，而僧人释昙迁"抽货衣物，为营葬送"。这段史实《宋书》《南史》的范晔列传皆不载，而《中国佛教史籍概论》则为之表彰。[2] 以上三例，在于开掘佛教史籍补史的意义。

佛籍的资料，不仅可用于补史，还可用于考史。例如，后魏杨衒之所作《洛阳伽蓝记》一书自序，收于《历代三宝记》中。陈垣以此与今本《洛阳伽蓝记》自序相校，发现相异数十字，其中最重要者，今本"武定五年，岁在丁卯，余因行役，重览洛阳"一句，《三宝记》作"武定元年中"，无"岁在丁卯"四字，如此事实，《洛阳伽蓝记》诸校本，皆未能校出订正[3]。又如卷二论《高僧传》一文，以该书诸条材料改正刘孝标注《世说新语》的错误数例，改《通鉴》"宋文帝元嘉十年，沮渠牧犍改元永和"一句中"永"为"承"。再如，

---

[1] 陈垣：《中国佛教史籍概论》，中华书局 1962 年版，第 92 页。

[2] 陈垣：《中国佛教史籍概论》，中华书局 1962 年版，第 27 页。

[3] 陈垣：《中国佛教史籍概论》，中华书局 1962 年版，第 12 页。

卷二论《续高僧传》一文，他摘引其书数条史料，为考证《隋书·经籍志》之佐，而这些材料，却是清人姚振宗作《隋书经籍志考证》时所未能利用的。

　　新史料的发掘和运用，是史学研究发展进步的源泉，陈垣在《中国佛教史籍概论》的撰写缘起中说："初学习此，不啻得一新园地也。"此言全为的当，而《中国佛教史籍概论》作为新开的园地，其学术意义不仅在于它拥有众彩纷呈、任人采撷的史料新花，更在于它为新史料的发掘和利用，介绍了方法，指明了方向。

（二）纠正前人对佛教史籍的错误记载

　　通过缜密的历史考证，陈垣纠正了前人对佛教史籍记载的诸多错漏，为学术界更好地利用佛教史籍扫清了障碍。陈垣史学研究的各个领域，均以历史考据为坚实的基础。在《中国佛教史籍概论》中，他运用科学的考证方法，考辨文献，利用名物、训释、历法、地理等方面的知识，纠谬正误。如卷二论《续高僧传》，他考证严可均《全南北朝文》在征引佛教文献时，将"扬辇""宗猷"认作人名的错误，指出南朝时"称建业为扬都，扬辇即指扬都"，故"扬辇"实为地名而非人名。至于"宗猷"，陈垣训释说："宗猷犹言推举耳。"严氏点句有误，遂将"宗猷"认为人名，铸成大错。此例考证，看似简单，但如果没有渊博的地理、训诂学识，又怎能究其原委，洞幽烛微呢？《中国佛教史籍概论》中像这样运用考证、疏通史实、解决疑误的内容，实在俯拾皆是，而不胜枚举。

综观《中国佛教史籍概论》的此类内容，可见陈垣的考证，既继承了清代考据学，又有别于清儒，正如他在卷五论《辅行记》中所说："清代经生，囿于小学，疏于史事。"因此，他能超越清儒考据的缺陷，综合各方面的资料，考证前人著述在记载佛教史籍方面的错误，并取得显著成绩。其中对于《四库全书总目》的订正，更为突出。陈垣深入考察了《四库全书总目》释家类的编纂过程，认为《四库全书总目》在著录有关佛籍时，并非按目求书，有目的地选择，而是根据内府所藏及各地呈献的佛籍，随手掇拾，因书著目，所以佛籍中最重要的典籍反而被漏录。如：著录《宋高僧传》而不著录《梁高僧传》《续高僧传》，犹之载《后汉书》而不载《史记》《汉书》也。又著录《开元释教录》而不著录《出三藏记集》及《历代三宝记》，犹之载《唐书经籍志》而不载《汉志》及《隋志》也。[1]

仅此一例，就足见对《四库全书总目》有关佛籍提要辨误的必要了。《中国佛教史籍概论》通过考证纠正了《四库全书总目》释家类等提要的错误，共计 29 条。此外，还对其他目录书中有关佛教史籍的记载辨误补缺。所涉及者，如两唐书的《经籍志》《艺文志》，马端临《文献通考·经籍考》、胡应麟《少室山房笔丛》、黄虞稷《千顷堂书目》、姚振宗《隋书经籍志考证》《后汉书艺文志》，以及清代一批私藏目录如瞿镛《铁琴铜剑楼书目》、陆心源《皕宋楼藏书志》、丁丙《善本书室藏书志》，等等。

《中国佛教史籍概论》还深入研究佛教史籍的版本源流，准确判定其版本归属，从而一扫前人在有关版本记载上的混乱和谬误，为后人的深入研究指明了方向。卷三论释玄应《一切经音义》与释慧苑《新译华严经音义》一文，在"玄应书版本"一节中，考证了杨守敬《日本访书志》鉴定玄应书版本的若干错误，指出："最误者以南藏为北藏，以北藏为南藏，志中'南'、'北'

[1] 陈垣：《中国佛教史籍概论》，中华书局 1962 年版，第 1 页。

字，均须互易。"论"慧苑书版本"一书，则改正清臧镛堂刻本书序言中以四卷本为南藏，二卷本为北藏之误，指出臧氏"又生造一西藏之名，乱人耳目，夫所谓南北藏者，指刻板之地，非指藏书之地，若其书得之陕右，即称之为陕右本可也，岂能谓之西藏，况所谓西藏者即北藏耶！自镛堂刻此书以来，竟播其误于众，诚为可惜。"袭臧氏之误者，有钱熙祚所刻"宋山阁本"跋言，有瞿镛《铁琴铜剑楼书目》。清代目录学者，竟言版本，精于审定，但仅以上述几例，则可见其版本之学，或与陈垣相差甚远。《中国佛教史籍概论》以精密的考证，将佛教史籍的研究提高到一个全新的水平，从而成为研究这一领域的权威著作。可以说，凡治佛教史者，如不读《中国佛教史籍概论》，便很难得到正确的答案，甚至会走弯路、闯误区，为某些古籍书目的成误所迷惑。

（三）揭示佛教史籍的思想文化内涵

陈垣还善于从政治文化的角度分析佛教史籍的内容与流传。例如卷一论《历代三宝记》一文，引《三宝记》中《忘名传》的材料，记述沙门释忘名原为梁朝人，梁败而出家，后周齐王入京，逼他还俗，释忘名誓不还俗事敌，并作《无正旧事》三卷。陈垣说："释忘名所撰，殆即梁末旧事，忘名盖遗民之抱国破家亡之痛者也。"寄予了同情和赞意。相反，同为梁人的宗懔、工褒、肖扨、庾信等士人夫，却降后周为臣，他则指斥曰："诸人皆梁之入周，靦然冠带，文人无节操至此，相形之下，和尚愧煞宗人矣。"在此一正一反，一褒一贬，表达了陈老憎爱分明的态度。在论《历代三宝记》尊南朝为正统，黜北魏为闰位的纪年特点时，陈垣说："自晋室渡江后，南北分立者二百六十余年，中原士夫之留北者，始终以中国之未灭。"借对这种社会政治心理的分析，表达了自己当时抗日的信心。

在卷三论《法苑珠林》时，陈垣则重点从学术文化的角度评述此书的流行与清代汉学的关系。指出《法苑珠林》所引典籍，除佛籍外，还有其他典籍 140 余种。《四库全书总目》认为："此书作于唐初，去古未远，在彼法中犹为引经据典，较后来侈谈心理者固有间。"由于该书重佛教故实，征引繁富，故为清代汉学家所重视，尤其是《四库全书》收录之后，各藏书家目录多记有此书，《书目答问》也以其有关考证而著录，有的藏书家还刻版印行。陈垣说："书之显晦固有时，然苟不与汉学家气味相投，亦焉能登之儒藏也。"点明了此书能够广泛流传于清代学界的原因，在于适合了当时汉学考据的文化风气。

图4　陈垣在1940年。此年3月，他完成了《明季滇黔佛教考》的写作

综上所述，陈垣广泛而深刻的宗教史研究，及其客观理性的宗教史观，引领了20世纪中国宗教史研究的开新和发展；至今而言，其宗教史研究的丰硕成果和其中蕴含的宗教史观，依然有值得借鉴的重要学术价值。

（原载《历史教学》2018年第8期,此文稍作修订）

陈垣的避讳学研究

——论《史讳举例》的历史文献学价值

　　避讳是中国古代特有的历史现象。辛亥革命以前，为不触犯帝王或圣贤长辈，在典籍文献中凡碰到他们的名讳时，常用各种方法回避，以示尊崇。历史上纷繁的避讳现象，造成了历史文献的混乱。

　　陈垣在史学研究中，一直将古代的避讳现象作为考史的重要途径；不仅如此，他还专门撰写了《史讳举例》《通鉴胡注表微·避讳篇》等著作，对中国古代的避讳进行总结研究。尤其是他的《史讳举例》，通过介绍中国封建皇朝避讳的历史，揭示历代避讳的方法和种类，归纳利用避讳进行史考的各种途径，成为现代避讳学研究的第一部专著，从而使避讳学成为历史文献学的一门专学，发挥了疏通文献、考证史实的重要作用。

一、《史讳举例》的学术渊源

陈垣说："避讳为中国特有之风俗，其俗起于周，成于秦，盛于唐宋，其历史垂二千年。"[1] 避讳始于西周，虽无明确的事例，但在文献上也可找到一些例证。如《孟子·尽心下》曰："讳名不讳姓，姓所同也，名所独也。"则是对避讳历史的反映。《礼记·曲礼上》对周礼中避讳的规定有更详细的记载，如曰："卒哭乃讳，礼不讳嫌名，二名不偏讳。""君所无私讳，大夫之所有公讳"等。

到了秦代，避帝王的名讳成为较为明确的制度，比如秦始皇嬴政，因"政"与"正"通，正月改为端月，《史记·秦楚之际月表》在端月之下，"索隐"曰："秦讳正，谓之端。"秦以后，随着避讳现象的增多，议论避讳的著述也多了。东汉应劭《风俗通义》提出要避

---

[1] 陈垣:《史讳举例》，科学出版社 1958 年版，第 1 页。

旧君 56 人之讳，三国东吴张昭则认为"六世而亲属竭矣"[1]，避讳只能以六世为限。唐宋避讳日盛，因此研究避讳的著述也增多了。宋代洪迈的《容斋随笔》、王楙的《野客丛书》、王观国的《学林》、吴曾的《能改斋漫录》，以及宋末元初周密的《齐东野语》等著述中，都有记录避讳的内容。

到了清代，学者们对避讳的研究逐步深入，在史学家顾炎武、王鸣盛、钱大昕、赵翼、王昶等人的著作中，皆曾论及避讳。其中又以钱大昕的研究更为深入，在他的《十驾斋养新录》中，就有卷三的"石经避讳改字"，卷七的"宋人避轩辕字""孔子讳""避老子名字"，卷十一的"避讳改郡县名"，卷十六的"题讳填讳""讳辨"等近十条专门的记载和考证。尤其是他的《廿二史考异》，更善于利用避讳解释史书疑难，但他的这些研究散在各书，尚未有系统深入的总结。清代也有一些避讳专书，如周广业的《经史避名汇考》，但只是材料汇编，又不曾刊行流传。另如陆费墀的《帝王庙谥年讳谱》一卷、黄本的《避讳录》五卷、周榘的

---

[1] 陈寿:《三国志》卷五二《张昭传》，中华书局 1982 年版。

《廿二史讳略》一卷，内容大致相同，且都"谬误颇多"，"其所记录，又只敷陈历代帝王名讳，未能应用之于校勘学及考古学（此处考古学即指各种历史考证——引者注）上发人深思"[1]，故皆不足取，更不足言避讳之学。陈垣综合概括了前人的研究成果和不足，指出有必要对古代史讳重做一番深入的研究，这就是他写作《史讳举例》的缘由。

《史讳举例》的编撰目的是："意欲为避讳史作一总结束，而使考史者多一门路、一钥匙也。"[2] 陈垣认为，由于历史上大量的避讳现象，因此造成古书中有许多因避讳而将文字改易的地方，使古书淆乱不清。"为避讳史作一总结束"就是要使人们掌握避讳学常识，用以解释古书的凝滞。同时，又因为每朝避讳的字不一样，方法也不一致，正可利用它们作为时代的标志，用以识别古书的版本、真伪，审定史料的时代，这便是"使考史者多一门路、一钥匙"的功用。《史讳举例》11卷，全书因以举例的方法将避讳学各部分内容归纳为82例，故曰"举例"。书稿写成于1928年，

[1] 陈垣：《史讳举例》，科学出版社1958年版，第1页。
[2] 陈垣：《史讳举例》，科学出版社1958年版，第1页。

这是为了纪念研究避讳的先行者钱大昕诞辰200周年，因为陈垣认为前人讲避讳而有成就者，应首推钱大昕。此书最早发表于《燕京学报》1929年第4期，1958年科学出版社出版单行本时重新校对了全书引文，改正了一些错字，并加引号和引文卷数；1962年中华书局重版。

二、"为避讳史作一总结束"

作为中国现代著名的史学家，在中国史学近代化的进程中，陈垣"对中国历史文献学的研究建立了一定的基础"[1]。他的建基性工作表现在继承乾嘉考据学的传统，通过历史考证的躬身实践，将清代学术中各种零散的考据手段，用科学的方法加以系统总结，从而形成多门专学。这些专学所归纳的义例和原则，至今仍在中国历史文献学中发挥着典范作用。《史讳举例》就是他对于中国历史文献学的重要贡献之一。

与以往研究避讳不同的是，陈垣的避讳研究不仅

---

[1] 白寿彝：《要继承这份遗产》，见《励耘书屋问学记》，生活·读书·新知三联书店1982年版，第1页。

限于对历代帝王名讳的一般性敷陈记述，而注意对历代避讳的通例、特例进行规律性总结，系统地阐述、分析中国古代避讳的历史和造成的影响，使人们在读书和利用古代史料时，不为避讳所误，这是本书在总结避讳史方面的重要贡献。

要研究避讳学，必须了解中国古代避讳的基本情况，这项工作前人也曾作过，但皆未能有全面考察和深入总结，陈垣对此首次进行了系统、综合的分析。他在《史讳举例》中归纳出古代避讳的四种方法，即改字、空字、缺笔和改音，他认为前三种方法最常使用，后一种并未真正实行。比如，他辨证了唐朝人认为"正音征"乃避秦始皇讳、"昭有韶音"乃避晋讳的错误，指出"征"音、"韶"音由来有自，非避讳而成；他又考察了宋代、清代曾有因避讳改音而未能流行的事例，概括曰："避讳改音之说，亦始于唐。然所谓因避讳而改之音，在唐以前者多非由讳改，在唐以后者，又多未实行，不过徒有其说而已。"[1]

他又将历代避讳归纳为改姓、改名、改官名、改

---

[1] 陈垣：《史讳举例》，科学出版社 1958 年版，第 8 页。

地名、改干支、改常语、改物名，避家讳、避外戚讳、避孔子讳、恶意避讳等多种类型。其中如唐人因避唐高祖之父名而改干支，将丙改为景，唐修八史，丙皆作景，曰景申、景寅、景辰等，今本虽多改回，但仍应注意是否有未尽改者。[1] 避讳本为尊者长者讳，然也有因厌恶而讳者，"恶意避讳"则是避讳的特殊类型，故亦需注意。如唐朝安史之乱后，肃宗恶安禄山，凡地名中有"安"字者多改易，如安定改保定、宝安改东莞、安海改宁海等，陈垣共列 35 例，搜罗详尽。此书最后一卷，总结了各朝避讳的历史沿革和特点，并爬梳各类典籍，将每朝帝号、名讳和避讳事例一一详列，为人们了解历朝的避讳提供了依据。柴德赓说："第八卷中列出了我国历代的避讳表，每一朝避什么、如何避。这是每一个中国史学工作者必须具备的知识。"[2] 说明了《史讳举例》示人以治学工具的重要作用。

　　在总结古代避讳史方面，《史讳举例》并不局限于

[1]　陈垣：《史讳举例》，科学出版社 1958 年版，第 18 页。

[2]　柴德赓：《陈垣先生的学识》，见《励耘书屋问学记》，生活·读书·新知三联书店 1982 年版，第 32 页。

对历代避讳方法、种类和名讳的考察，而是进一步将研究推向深入。这表现在以下两个方面：

1. 在总结古代避讳一系列通例的基础上，于卷五"避讳学应注意的事项"中说明古代避讳的一些特例，揭示了古代避讳的复杂性。

（1）考避嫌名之讳起于三国。所谓避嫌名，是指与名讳读音相近的字，也需回避。陈垣认为三国之前不避嫌名，如汉和帝名肇，不改京兆郡；而《三国志·吴志二》则记："赤乌五年，立子和为太子，改禾兴为嘉兴。"避嫌名虽始于三国，但并不是很严格，直到宋代，避嫌名之讳才有专门的规定，甚至一个皇帝所避嫌名达 50 字之多，繁琐至极。[1]

（2）考避偏讳的问题。《礼记·曲礼》曰："二名不偏讳。"指名有二字者，不必一一避讳，只避其中一字即可。南朝时，已有二名偏讳的风气。唐太宗时，因"两字偏避，废阙已多"，曾明令"有世民两字不连续者，并不须讳"。然而，二名偏讳之风并不能禁，至宋金避讳日盛后，则二名无不偏讳了。[2]

---

[1] 陈垣：《史讳举例》，科学出版社 1958 年版，第 73 页。

[2] 陈垣：《史讳举例》，科学出版社 1958 年版，第 75 页。

（3）考旧讳不避之例。历史上避讳之例极多，如果代代相承，积累不废，则必成避不胜避、无字可书的局面。为了解决这一问题，古代避讳采取了一些舍故讳新的方法。"已祧不避"是其中一例，祧者，远祖之庙也。陈垣指出，周礼，天子祭七庙，三昭三穆与太祖庙共七。除太祖为不祧之祖外，大抵七世以内则讳之，七世以上则亲尽，迁其主于祧，已祧者则不讳。以唐讳为证，韩愈《潮州刺史谢表》中曰"朝廷治平""为治日久""政治少息""治未太平""巍巍之治功"等皆犯唐高宗李治之讳，但其时高宗已祧，则所谓已祧不讳也。又如"已废不讳例"，即指避太子、外戚名讳，太子不能即位或夭亡，外戚去世，所讳则可废而不避。皇帝的名讳，往往也是废旧讳新，如宋太宗原名光义，后改名炅，便曾下诏命旧名二字不须回避。这种皇帝旧讳新讳间的更替，常常会引起后人判断上的失误。顾炎武《日知录》卷二十三读"开成石经"，就曾误以为唐人不避当世皇帝之讳，有所谓"卒哭乃讳"之说。钱大昕辨证曰："文宗本名涵，即位后改名昂，故石经不避涵字。"顾炎武不知旧讳已废，乃有生不讳之误说。[1]

（4）指出史书中有因避讳不尽或后人回改，回改也有未尽等情况，造成史书中避讳的内容复杂多变，读史治史应根据具体情况认真考察，不可以偏概全，陷于错误而不知。[2]

2. 通过卷三"避讳改史实"、卷四"因避讳而生之讹异"和卷六"不讲避讳学之贻误"三部分，揭示了因避讳而对人们阅读古籍和考史所造成的障碍，指出前人在读书、著述和校勘、考证中，因不知避讳学而产生的种种错误。历代避讳造成古籍疑碍的原因是多样的，或因直接的改字而致误；或因避讳空字，后世抄刻将空处连排而致误；或因避讳换字而在旁作注，后世将注字插入正文而致误；等等，不一而足。陈垣总结了因避讳而造成古籍的种种疑碍和讹异。

（1）因避讳造成对人物记载的错误。如因避讳改字而致名字有误，《宋书》曰："陶潜字渊明，或云渊明，字元亮。"唐人为避李渊的"渊"，遂改渊明为深明，后人回改时因传写颠倒，《南史》记成："陶潜字渊明，

---

[1] 陈垣：《史讳举例》，科学出版社1958年版，第76、78、82页。

[2] 陈垣：《史讳举例》，科学出版社1958年版，第84—91页。

或云字深明，名元亮。"[1] 于是凭空多出一字深明、一
名元亮。又如因避讳改字而致一人多名，唐朝李匡撰
《资暇集》三卷，宋刻本为避宋太祖讳改题其字曰"李
济翁"撰，或缺一字曰"李"撰，南宋王《野客丛书》
作"李正文"，《陆游集》作"李匡文"，到《文献通考·经
籍考》则成"李匡义"，总之因避讳而演变讹异，李匡
一名衍成五名。

（2）因避讳造成对年号、官名、书名等许多事物
记载的讹异，其中以书名的改易为甚。例如《隋书》
的《经籍志》《礼仪志》都曾因避唐讳，将《白虎通》
记为《白武通》，后来校书者才改回。同样，《旧唐书·经
籍志》也曾将皇甫谧的《帝王世记》录为《帝王代记》。[2]
又如晋朝孙盛、邓粲都曾写过《晋春秋》，因避晋简文
帝郑太后讳阿春，春字改为阳，校书者在阳字旁注"春"
字，后世将注字连入正文，于是在《文选》李善注中、
《旧唐书·经籍志》中都曾出现《晋阳春秋》这样难以

---

[1] 《史讳举例》所举二十四史因避讳致误事例，为旧本情况；今中华书
　　局标点本多已据陈垣的研究成果改回。

[2] 陈垣：《史讳举例》，科学出版社 1958 年版，第 46 页。

理解的书名。[1]

（3）因避讳造成对地名记载的讹异。如《续汉郡国志》记敦煌有"拵泉"，实为"渊泉"，因避唐讳，"渊"字缺笔，后人转抄遂讹为"拵"。另外，同人名致误一样，因避讳也出现一地误为二地或二地误为一地的现象。[2]

（4）陈垣还总结了因不懂避讳学，造成校书或考证中的错误。比如，因不懂避讳而造成校改图书的错误。《后汉书·蔡邕传》曰"补侍御史，又转侍书御史"，范晔原文是"又转治书御史"，章怀太子李贤注《后汉书》时因避唐讳改"治"为"持"，后来校书者不懂避讳，竟易"持"为"侍"，铸成一错。[3] 又如因不识避讳，在考证时以不谬为谬。宋代吴缜的《新唐书纠谬》力纠欧阳修之错，但其中有数条实因避讳而吴缜以为谬者。其卷十一"常山及薛谭字误"条，认为"常山公主下嫁薛谭"应作"恒山公主嫁薛谈"，不知史文原有避讳，恒避唐穆宗讳改为常，谈避唐武宗讳改为谭。[4]

---

[1] 陈垣：《史讳举例》，科学出版社 1958 年版，第 57 页。

[2] 陈垣：《史讳举例》，科学出版社 1958 年版，第 51—66 页。

[3] 陈垣：《史讳举例》，科学出版社 1958 年版，第 98 页。

[4] 陈垣：《史讳举例》，科学出版社 1958 年版，第 95 页。

又有典籍原无避讳，校书者以为避讳回改而致误。如《后汉书·宦者传》论曰："三世以嬖色取祸。"三世当为三代，李贤注《后汉书》，凡世字皆改为代，宋以后校书者又回改。然而，此处的三代，乃范氏《后汉书》的原文，校书者以为避讳而回改为世，其实改错了。[1]

以上对于避讳史的总结，对于避讳如何使典籍致误的分析，不仅为人们在读书治学过程中，绕过避讳的"暗礁"，提供了切实有用的指南，也有力地说明了通晓避讳学的重要性。

三、揭示避讳学的考史价值

陈垣说："研究避讳而能应用之于校勘学及考古学者，谓之避讳学。避讳学亦史学中一辅助学科也。"[2]《史讳举例》的另一个重要贡献是发掘了避讳知识在史学研究中的作用，通过对利用避讳进行校勘考证等手段的总结，第一次构建了避讳学的科学体系。

---

[1] 陈垣:《史讳举例》,科学出版社 1958 年版,第 105 页。

[2] 陈垣:《史讳举例》,科学出版社 1958 年版,第 1 页。

"不讲避讳学，不足以读中国之史也。"[1] 这是陈垣的一贯主张，他作《史讳举例》不仅是为了总结中国的避讳史，而且还要为史学提供一种治史之利器。研究避讳而善于揭示其运用法则，是陈垣在这一领域的研究能超越前人，并使避讳学成为史学辅助学科的原因所在。如何将避讳学运用于史学，《史讳举例》在卷七"避讳学之利用"中总结了 11 条，大致包括几个方面：

一是利用避讳考证人物。如《周书·后妃传》记文帝元皇后乃魏孝武帝之妹，初封平原公主，适开府张欢；后因夫妻不和，公主告于魏孝武帝，张欢被杀。张欢之名，《北齐书》《北史》皆不载；据张欢被害史实查证，才知即《北齐书》所记张琼之子张忻、《北史》所记张琼之子张欣。《北齐书》虽唐李百药所撰，然李百药乃据其父李德林在北齐时所作齐史扩充，李德林因避北齐皇帝高欢之名，改张欢为张忻。唐李延寿作《北史》，又因北朝各史删补而成，故张忻又演变为张欣。实际上，张忻、张欣二名皆因避讳所误，应以《周

---

[1] 陈垣：《通鉴胡注表微》，科学出版社 1958 年版，第 80 页。

书·后妃传》所记张欢之名为实。[1]

二是利用避讳考年代。书中采用钱大昕《潜研堂文集》卷二十五的一条材料，指出钱氏就曾通过《宝刻类编》中避南宋理宗嫌名的内容，确定此书作者为南宋末期人。钱氏的考证分两步进行，先从《宝刻类编》所述上起周秦，下迄五代的内容，认定此书当为宋人所撰；再据宋末理宗名讳昀，时人为避理宗嫌名，则凡与"昀"字同音之字皆避，故此书将当时的筠州改作瑞州。据此，可确定《宝刻类编》作者年代当在宋末理宗时期。[2]

三是利用避讳辨典籍真伪。如署名隋朝王通所著的《中说》，学者鉴别其伪皆不曾利用避讳，陈垣则独辟蹊径，指出隋文帝父名忠，兼避中字嫌名，而《中说》犯隋讳如忠、中、勇、广者甚多，故此书非隋人所撰，乃后人伪作无疑。[3]

四是利用避讳校勘古籍。此类范例在书中列举最多，如校后人增改例：按汉代避讳制度，史书不犯帝

---

[1] 陈垣：《史讳举例》，科学出版社1958年版，第114页。

[2] 陈垣：《史讳举例》，科学出版社1958年版，第112页。

[3] 陈垣：《史讳举例》，科学出版社1958年版，第124页。

王名讳，《史记·高祖本纪》多次提到惠帝而不书名；但《景帝本纪》却说："四年，立皇子为胶东王。""七年，立胶东王为太子，名彻。"明显犯武帝之讳，可知这两条内容为后人所加。[1]

校小注误入正文例：《后汉书·郭太传》因范晔避其父名，篇中皆称郭太为郭林宗，只是到了传末，忽有一段文字多处直称"太"名，让人觉得前后讳例不一。经钱大昕校对闽中旧本，方知这段文字乃刻书者将唐朝李贤注文插入正文之误。[2]

校他书补入例：《魏书·肃宗纪》及其他传记记广阳王名字皆为"渊"，但《魏书·太武五王传》却作广阳王深。究其原委，则因此传亡佚，后人取《北史》补缺，而《北史》避唐讳，补书者不知追改，故有歧异。[3]

校衍文脱文例：《晋书·后妃传》说晋成帝杜皇后讳陵阳，所以改宣城陵阳县为广阳县，但值得怀疑的是，晋代避讳甚严，为什么又有"阳"字不避呢？据《宋书·州郡志》所记："广阳令，汉旧县曰陵阳，晋成帝

[1] 陈垣：《史讳举例》，科学出版社 1958 年版，第 107 页。

[2] 陈垣：《史讳举例》，科学出版社 1958 年版，第 108 页。

[3] 陈垣：《史讳举例》，科学出版社 1958 年版，第 109 页。

杜皇后讳陵，咸康四年更名。"则可知杜皇后本讳陵，《晋书》所记衍一"阳"字。[1]

再如校书有补版例：鉴定版本者通常以是否有避宋讳作为判断宋刻本的依据之一，而陈垣书中则引钱大昕《十驾斋养新录》卷十三的一条材料，来说明如何考证刻本的补版。钱大昕在考证《东家杂记》的版本时说，书中有管勾之"勾"，缺笔以避宋高宗嫌名，然也有不缺笔之处，乃元初补版留下的痕迹。此书版本则应为宋刻元修之本。[2]

以上所举种种，皆为利用避讳校勘古籍，疏通窒碍之法。当然利用避讳学考史的方法不只以上几个方面，书中也仅就较有代表性的方法进行归纳举例，而陈垣在其他著述中利用避讳学进行考史的事例却是不胜枚举。比如，在《陈垣史源学杂文》中，他就广泛利用避讳学的方法考辨史源、辨正谬误。在他为清代画家吴历所作的《吴渔山年谱》下卷中，还记载了他运用避讳学的方法，判明一本作者署名为吴渔山的画册为伪作。在《通鉴胡注表微·避讳篇》中，他把避

[1] 陈垣:《史讳举例》，科学出版社1958年版，第119页。
[2] 陈垣:《史讳举例》，科学出版社1958年版，第111页。

讳与否看作是政治上叛服的依据，以此来考察某人或某集团的政治态度，研究分裂时期各政权之间不断变化的政治关系。他说："避讳与奉正朔相等，服则避，不服则不避。"[1]《通鉴》卷二九四记，后周显德五年，南唐主避周讳，更名景，下令去帝号。陈垣指出："郭威之高祖讳，南唐李既降周，故更名景。信乎避讳与否，足为叛服凭证，此中国特有之例也。"[2] 利用避讳考政治态度，这当是陈垣避讳学研究中的又一创见。

陈垣撰写《史讳举例》是严肃认真的，书中引用了大量史料，仅书后"征引书目略"所开列的图书就有 117 种。在书稿完成后，陈垣还将初稿寄送胡适、杨树达、沈兼士、伦明、马衡等学者审阅，定稿时吸收了他们的观点或材料。[3] 遗憾的是当时为了纪念钱大昕诞辰，此书发表时仍有一些材料未能核对并标明出处，刘乃和曾回忆说："他写《史讳举例》时，因是赶着为纪念钱大昕诞辰二百周年纪念日而作，仓促成书，有些材料就是转引于钱氏，未及细查原书，不免

---

[1] 陈垣：《通鉴胡注表微》，科学出版社 1958 年版，第 93 页。

[2] 陈垣：《史讳举例》，科学出版社 1958 年版，第 97 页。

[3] 陈垣：《史讳举例》，科学出版社 1958 年版，第 3、18、65、96、100 页。

有些错处。该书木刻雕版时，虽然有所发现，但已不及改刻。因此一九五八年科学出版社重印时，他让我将全书引文一一检对。他说：'以钱氏之精，尚且错简、脱落、谬误甚多，用其他人的引文，就更应亲自动手，勤查勤找了，这是省事不得的。'"[1]1958 年此书重版时，陈垣在"重印后记"中对此作了专门说明。原书发表时，对于引用友人的观点和材料，他也在书中一一交代，这种不掠人之美的做法体现了陈垣实事求是的一贯学风。

《史讳举例》撰成后，受到学术界的高度重视。史学家傅斯年致函陈垣说："《史讳举例》一书，再读一过，愈佩其文简理富，谨严精绝。"[2]胡适则曾专门为此书撰写书评《读陈垣〈史讳举例〉论汉讳诸条》，指出："陈先生此书，一面是结避讳制度的总账，一面又是把避讳学做成史学的新工具。它的重要贡献，是我十分了解的，十分钦佩的。"[3]20 世纪以来，中国史学利用避

---

[1] 刘乃和：《励耘承学录》，北京师范大学出版社 1992 年版，第 80 页。

[2] 陈智超：《陈垣来往书信集》，上海古籍出版社 1990 年版，第 556 页。

[3] 胡适：《读陈垣〈史讳举例〉论汉讳诸条·后记》，见《胡适全集》第 13 卷，安徽教育出版社 2003 年版，第 449 页。

图 5　1948 年 5 月 18 日，陈垣在辅仁大学返校节上讲话

讳学进行史学考证、古籍整理等方面的成就，可以说明《史讳举例》一书在其中所产生的重要影响，亦可证明以上两位学者对《史讳举例》的评价所言不虚。

［原载《淮北煤炭师范学院学报》（哲学社会科学版）2006 年第 4 期］

史学研究的拓展
——读《中国佛教史籍概论》

　　陈垣先生是当代中国著名的史学家，他在史学领域辛勤耕耘的一生，为中国史学界留下了丰富的遗产。"五四"以来，在中国史学近代化的过程中，陈垣坚持反帝反封建的立场，以其爱国主义的巨大热忱，对我国传统的史学方法进行总结和改造，以宗教史、文献学、元史研究等专题为阵地，吸收近代科学的成果，拓宽了史学研究的领域，积累了一整套治学的宝贵经验。他的史学研究，推动了中国史学近代化的进程，为马克思主义史学在中国的建立，准备了条件。

　　陈垣虽然不是一个马克思主义史学家，但是他的史学研究成果历来为史学界重视和学习，究其原因，在于他的史学研究继承和发扬了我国史学的优良传统。在弘扬我国优秀传统文化的今天，以马克思主义为指导的史学工作者，学习陈垣的爱国精神，继承发扬陈垣史学研究的成就，对于推动目前的史学工作，无疑有重大的现实意义。本篇拟从研读陈垣的《中国佛教史籍概论》(以下简称《概论》)出发，以浅尝之得，述《概论》的学术贡献，并冀此窥陈垣拓展史学研究之成就于一斑。

一、《概论》的目录学价值

《概论》完成于 1942 年 9 月，这是近代以来第一部介绍佛教史籍的目录书，也是迄今为止唯一一部以近代史学的方法系统研究佛教典籍的专著。全书分 6 卷，著录六朝以来与史学研究相关的佛教史籍 35 种。其介绍的佛籍，包括中土撰述的目录、传记、护教、纂集、音义等五类，按撰著时代前后排列进行论述。陈垣在《概论·缘起》中说："中国佛教史籍，恒与列朝史事有关，不参稽而旁考之，则每有窒碍难通之史迹。此论即将六朝以来史学必需参考之佛教史籍，分类述其大意，以为史学研究之助，非敢言佛教史也。"
这段话表达了作者撰著的明确目的。论佛教史籍为史
学研究所用，这正是《概论》有别于一般目录书的鲜
明特点和创造性发明。《概论》作为一部目录著作，它
在目录学方面的具体贡献如下数端：

其一，《概论》以形式多样的解题，分别对各种佛
籍的具体情况，如书名、卷数、版本、著者、内容等
项进行详细著录，遇有疑难之处，则作疏通论证，直
至得出确切结论。如梁代《高僧传》一书的作者，历
来有两种说法，一为释僧祐，一为释慧皎。《隋书·经
籍志》在史部杂传的解题中列四个设问进行辨正。一
曰："何以知此书非僧祐撰？"他通过爬梳其他资料，
证明未见僧祐著此书，又通过僧祐与宝唱的师徒关系，
认为如《高僧传》真为僧祐所作，则不应列于弟子宝
唱《名僧传》之后。二曰："何以知此书为慧皎撰？"
从分析慧皎的自序入手，指出此书卷数与慧皎所述卷
数相同，另外，慧皎不满"名僧"的提法，故此书改"名"
为"高"，又排列于宝唱《名僧传》之后，于情理不悖。
三曰："何以知古本《隋志》不误？"陈垣认为今本《隋
志》误慧皎为僧祐，但古本《隋志》不误，因为《两唐

志》著录唐以前书籍多承袭《隋志》，今《两唐志》著录皆作"慧皎"。四曰："何以慧皎能误为僧祐？"认为两人同为梁僧，且僧祐名望高，著述多，慧皎除此书外，无他书流传，故易被人忽视。以上四问四答，所用材料虽不多，但陈垣善于从正反两方面入手，层层推理，终于解决了佛籍中的一宗疑案，使慧皎著《高僧传》一说成为确论。

《概论》中对各书的评介，看似解题，实际上每书解题皆是独立成篇的学术论文，因而在多数解题下又析出各种小标题，如"本书之体制与内容""本书之特色及在史学上的利用""本书之得失""本书版本异同""本书之流行"以及有关撰者的"略历"和对各种书籍的"辨误""正误"，等等。因为各小标题的设立不拘一格，所以各篇解题的形式多样，能抓住主要问题作重点论述。如卷一论《出三藏记集》时，着重分析了该书在目录学上的价值，指出："第三方式之经序，为其他经目所未有，可以考知各译经之经过及内容，与后来书录解题、书目提要等用处无异。"并说明这种汇总经序的方法，为后来普通目录书的"辑录体"解题所模仿，"朱彝尊撰《经义考》，每经录其前序及后跋,即取法于此"。陈垣历来注重对书籍篇目的著录,他说:"普通所谓目录学,多只重书目,我认为篇目也是要紧的。"[1] 因此他很推崇《出三藏记集》"经序"中对有关书籍篇目的记载,并举载《弘明集》篇目为例,说:"载序之外,复载各卷篇目。幸而《弘明集》今存,不幸而其书不存,吾人亦可据此篇目,略知其书之内容为何,此目录学家亟当效法者也。"

南北朝的"正统"和"闰位",历来是史家争论的问题,它也尖锐地反映到史书的纪年上来。陈垣在卷一论《历代三宝记》一文中,抓住该书在纪年上的特点深入论述,指出对于"正闰"问题的处理,常常表现出史家的历史观或政治倾向,也可看出当时的社会心理。如司马光著《通鉴》,用南朝宋、齐、梁、陈纪年;而在《通鉴》之前的《太平御览》《册府元龟》却以南朝为闰位,认北朝为正统,这是史家历史观的不同。清代《四库全书》在编年类中著录以北朝为正统的《元经》,则是为了"取悦时主",带有明显的政治色彩。《历代二宝记》在纪年上独具特色,"尊齐、梁而黜北魏",

[1] 陈垣:《中国史料的整理》,见《陈垣全集》第7册,安徽大学出版社 2009 年版,第 456—461 页。。

在晋以后以宋、齐、梁、周、隋的年号纪年，这种方法虽然特别，却反映了当时一般的社会心理。陈垣借对这种社会心理的分析，表露了自己当时的抗日情绪。

在卷三论《法苑珠林》，他重点评述此书的流行与清代汉学的关系，指出《法苑珠林》所引典籍，除佛籍外，有 140 余种。《四库全书总目》认为："此书作于唐初，去古未远，在彼法中犹为引经据典，较后来侈谈心理者固有间。"由于该书重佛教故实，征引繁富，故为清代汉学家所重视，各藏书家目录多著有此书，《书目答问》也以其有关考证而登录。陈垣说："书之显晦固有时，然苟不与汉学家气味相投，亦焉能登之儒藏也。"点明了此书能够广泛流传于清代儒学界的原因。

以上几例，可看出《概论》解题的内容既丰富又深刻。它在全面介绍佛籍的一般情况之后，还能抓住重点问题深入辨析和论述，揭示有关佛籍的主旨、特点和功用，从而大大提高了《概论》的目录学价值，让人读来有耳目一新、启智祛疑的感受。

其二，重视对于佛籍版本的分析，是《概论》另一个重要的目录学特点。书中对于每部佛籍的记载，都要详细介绍版本源流，先条列版本系统，再缕析各本间异同，考订传本的误失。对于各类佛籍的古刻、今刻，藏本、儒本，合刊、单编，刻本、抄本，皆经心营目识之后，一一介绍给读者。陈垣对版本的考订，尤其注意发挥古本的作用。胡适读陈垣《元典章校补释例》一书后曾说："他这部书的教训，依我看来，只是要我们明白校勘学最可靠的依据全在最古的底本。"[1]《概论》之作，也是如此。如卷三论释僧祐《弘明集》一文，陈垣就通过考察旧刻嘉兴藏本，掌握了僧祐一书的自序。而《四库全书总目》因未见嘉兴藏本，故曰："是书前无自序。"周中孚《郑堂读书记》袭《四库全书总目》旧说，蹈人之误。而张金吾《爱日精庐藏书志》所收虽为嘉兴藏本，却失于深考，竟错录卷末《弘明论》，误认为自序，陆心源《皕宋楼藏书志》因之。以上诸书皆误，《概论》独明，足见追溯版本源流，依据旧刻底本，对于了解书籍状况是何等重要。

　　《概论》评述佛籍版本，还能根据各本特点，准确

<hr>

[1]　胡适：《校勘学方法论——序陈垣先生的〈元典章校补释例〉》，收入《胡适文存四集》，见《胡适全集》第 4 卷，安徽教育出版社 2003 年版，第 160 页。

判定其版本归属，从而一扫前人在有关版本记载上的混乱和谬误，为后人的深入研究指明了方向。卷三论释玄应《一切经音义》与释慧苑《新译华严经音义》一文，在"玄应书版本"一节中，考证了杨守敬《日本访书志》鉴定玄应书版本的若干错误，指出："最误者以南藏为北藏，以北藏为南藏，志中'南'、'北'字，均须互易。"论《慧苑书版本》一书，则改正清藏镛堂刻本书序言中以四卷本为南藏，二卷本为北藏之误，指出臧氏"又生造一西藏之名，乱人耳目，夫所谓南北藏者，指刻板之地，非指藏书之地，若其书得之陕右，即称之为陕右本可也，岂能谓之西藏，况所谓西藏者即北藏耶！自镛堂刻此书以来，竟播其误于众，诚为可惜"。袭臧氏之误者，有钱熙祚所刻"宋山阁本"跋言，有瞿镛《铁琴铜剑楼书目》。清代目录学者，竟言版本，精于审定，但仅以上述几例，则可见其版本之学，或与陈垣相差甚远。

其三，陈垣以其深厚的史学与目录学功底，在《概论》中钩稽抉摘，对于前代各种目录专著的失误辨正极多。他说："尤所注意者，《四库》著录及存目之书，因《四库提要》于学术上有高名，而成书仓猝，纰缪百出，易播其误于众。"[1] 因此《概论》对于《四库全书总目》的订正，更为突出。陈垣深入考察了《四库全书总目》释家类的编纂过程，认为《四库全书总目》在著录有关佛籍时，并非按目求书，有目的地选择，而是根据内府所藏及各地呈献的佛籍，所手掇拾，因书著目，所以佛籍中最重要的典籍反而被漏录。"如著录《宋高僧传》而不著录《梁高僧传》《续高僧传》，犹之载《后汉书》而不载《史记》《汉书》也。又著录《开元释教录》而不著录《出三藏记集》及《历代三宝记》，犹之载《唐书经籍志》而不载《汉志》及《隋志》也。"[2] 仅此一例，就足见对《四库全书总目》有关佛籍提要辨误的必要了。

《概论》中对《四库全书总目》释家类及其他部类中的佛籍提要辨误极多，据粗略统计，共正误29条，并在有些解题中，列出"《四库提要》辨误"专题，针对有关人物、年代、地理、史学以及典籍卷数、版本、内容评价等问题，深入考辨，订正《四库全书总目》的错漏，庶几免其谬种流传，贻误后人。陈垣是研究

[1]　陈垣：《中国佛教史籍概论·缘起》，中华书局1962年版。
[2]　陈垣：《中国佛教史籍概论·缘起》，中华书局1962年版。

《四库全书总目》及《四库全书总目》的专家，他曾先后撰写《四库书目考异》《四库撰入录》《四库书名录》《编纂四库全书始末》《四库撤出书原委》等专文专著，为后人研究《四库全书》及其提要奠定了基础。《概论》从研究佛教史籍的角度，对《四库全书总目》作了大量辨正，因而也是他这一研究领域的重要著述。

《概论》还对其他目录书中有关佛教史籍的记载辨误补阙。所涉及者，如两唐书的《经籍志》、马端临《文献通考·经籍考》、胡应麟《少室山房笔丛》、黄虞稷《千顷堂书目》、姚振宗《隋书经籍志考证》《后汉书艺文志》、瞿镛《铁琴铜剑楼书目》、陆心源《皕宋楼藏书志》、丁丙《善本书室藏书志》等。《概论》以详密的考证，将佛教史籍的研究提高到一个全新的水平，从而成为研究这一领域的权威著作。可以断言，凡治佛教史籍者，如不读《概论》，便较难得正确的答案，甚至会走弯路、闯误区，为某些旧目录书的错误所迷惑。

从《概论》可以看出，陈垣治目录学，非清代某些目录学者仅限于鉴定版本、校雠文字，而能从书籍的一般状况追溯其学术源流，并结合考证的方法解决疑难问题，提出新的见解。由于他熟悉历代官职、地理、年代与史学，故能在极为广泛的学术领域中横纵勾贯，援据出入，从而超轶前贤，为中国古典目录学的研究作出特殊的贡献。

二、《概论》为古代史研究开"新园地"

《概论》不仅是一部学术水平较高的目录学专著，而且是史学研究的重要参考书。编撰《概论》，"以为史学之助"，是陈垣的初衷。可以说，这部著作的撰写，完全实现了他的目的。其裨益史学研究之功，可从如下几方面来看。

第一，发掘史学研究的宝贵资料。中国佛教史籍，历来与列朝史事密切相关，它作为史学研究的资料宝库，却很少被人所注意和利用，直到《概论》问世，佛教史籍的史料价值，才被系统地发掘出来。它在论述每部佛籍时，总是钩沉索隐，为读者指示该书的史料价值，在一些解题中，还专门辟有"本书在史学上的利用"专题，深入进行阐释。例如：卷一论《出三藏记集》，陈垣从史源学的角度，分析此书为历代文史著作所采用之后，着重指出："此书撰自裴注《三国志》

后，为裴松之所未见，故魏吴诸僧事，可补《三国志注》者尚多。"又如宋代释道原所著《景德传灯录》30卷，采唐末五代诸僧名言至行，达1000余人，陈垣分析它的史料价值时说："一部《景德传灯录》，不啻一部唐末五代高逸传，惜乎欧、宋二公皆不喜佛，故《新唐书》及《五代史》皆阙失此等绝好资料焉。"[1] 说明了《景德传灯录》一书可补《新唐书》与《新五代史》的重要作用。再如，《高僧传》卷十三《昙迁传》，记《后汉书》作者范晔被杀后，门有十二丧，无敢近者，而僧人释昙迁"抽货衣物，为营葬送"。这段史实《宋书》《南史》的范晔列传皆不载，而《概论》则为之表彰。[2] 以上三例，在于开掘佛教史籍补史的意义。

佛籍的资料，不仅可用于补史，还可用于考史。例如，后魏杨衒之所作《洛阳伽蓝记》一书自序，收于《历代三宝记》中。陈垣以此与今本《洛阳伽蓝记》自序相校，发现相异数十字，其中最重要者，今本"武

---

[1] 陈垣：《中国佛教史籍概论》卷四，论《景德传灯录》，中华书局1962年版，第92页。

[2] 陈垣：《中国佛教史籍概论》卷二，论《高僧传》，中华书局1962年版，第27页。

定五年，岁在丁卯，余因行役，重览洛阳"一句，《三宝记》作"武定元年中"，无"岁在丁卯"四字，如此事实，《洛阳伽蓝记》诸校本，皆未能校出订正。[1] 又如卷二论《高僧传》一文，以该书诸条材料改正刘孝标注《世说新语》的错误数例，改《通鉴》"宋文帝元嘉十年，沮渠牧犍改元永和" 句中"永"为"承"。再如，卷二论《续高僧传》一文，陈垣摘引其书数条史料，为考证《隋书·经籍志》之佐，而这些材料，却是清人姚振宗作《隋书经籍志考证》时所未能利用的。

新史料的发掘和运用，是史学研究发展进步的源泉，陈垣在《概论》的撰写缘起中说："初学习此，不啻得一新园地也。"此言至为的当，而《概论》作为新开的园地，其学术意义不仅在于它拥有众彩纷呈、任人采撷的史料新花，更在于它为新史料的发掘和利用，介绍了方法，指明了方向。

第二，展示史学考证的丰硕成果。陈垣史学研究的各个领域，均以历史考据为坚实的基础，在《概论》

---

[1] 陈垣：《中国佛教史籍概论》卷一，论《历代三宝记》，中华书局1962年版，第12页。

中，他运用科学的考证方法，推求事实，为后学作出了典范。

他的史学考证，继承和发扬了乾嘉考据学取材博、用材精、训释正、类例明等优良传统，善于利用名物、训释、历法、地理等方面的知识，见细察微，纠谬正误。如卷二论《续高僧传》，他考出严可均《全南北朝文》将"扬辇""宗猷"认作人名的错误，指出南朝时"称建业为扬都，扬辇即指扬都"，故"扬辇"实为地名而非人名。至于"宗猷"，陈垣训释说："宗猷犹言推举耳。"严氏点句有误，遂将"宗猷"认为人名，铸成大错。此例考证，看似简单，但如果没有渊博的地理、训诂学识，又怎能究其原委，洞幽烛微呢？《概论》中像这样运用考证、疏通史实、解决疑误的内容，实在俯拾皆是，在此就不一一列举了。

综观《概论》的此类内容，可见陈垣的考证，既继承了清代考据学，又有别于清儒，正如他在卷五论《辅行记》中所说："清代经生，囿于小学，疏于史事。"而他的考证，则是综合各方面的资料为史学研究服务的。此外，他摆脱了清儒无病呻吟、烦琐考据的窠臼，能够明确考据在史学研究中的地位，他曾说："考证为史学方法之一，欲实事求是，非考证不可。彼毕生从事考证，以为尽史学之能者事者固非；薄视考证，以为不足道者，亦未必是也。"[1] 这里既指出史学不应以考据自限，又说明了考据在史学工作中的重要作用，故而他的考证能有的放矢，与立论和观点紧密联系，在史学研究的整体中发挥作用。更为可贵的是，陈垣的史学考证，吸收了近代史学的新发现和近代科学的新知识，逻辑性强，推理缜密，条理清晰。这些都是他能够在继承前代考据学的同时，又大大超越前人的原因。

第三，表达爱国主义的政治思想。1937年，北平沦陷之后，陈垣身处险境，坚决与敌伪斗争，他以史学研究为武器，抨击敌人，激励人民。抗战时期，他撰写了《明季滇黔佛教考》《清初僧诤记》《南宋初河北新道教考》《通鉴胡注表微》及《概论》等，在这些著作里，考史与评论相结合，表达了深沉的爱国主义思想。从此陈垣突破了以考证为主要目的的研究方法，把史学成就提到一个新的高度，他的史学思想也进入

---

[1] 陈垣：《通鉴胡注表微·考证篇》，辽宁教育出版社1997年版，第76页。

了一个新的意境，为他新中国成立后全身心地学习马列，投入社会主义建设打下了基础。由于《概论》撰写于这一时期，因此陈垣在此书的《后记》中说："稿成于抗日战争时期，时北京沦陷，故其中论断，多有为而发。"书中可以看到他以犀利的史笔，表达出爱国主义的思想和正气凛然的民族气节。

首先，《概论》在论述僧人的事迹与典籍的内容时，能够敏锐地看到："言宗教不能不涉及政治。"[1] 道人虽然离俗出家，"然每与政治不能无关系"[2]。这是一种朴素的唯物史观，尽管陈垣当时没有系统学习过马克思主义的历史唯物论，但是他能够认识到上层建筑意识形态的各个领域是相互联系、相互影响，而不是孤立和单一的。由于具备这些进步的史观，所以他在研讨宗教史的同时，便能注意到宗教活动背后的政治环境与其中的民族斗争，并紧密结合史实，阐发自己的爱国主义思想。《概论》中爱国主义思想的发挥，主要是

---

[1] 陈垣：《中国佛教史籍概论》卷四，论《一切经音义》《续一切经音义》，中华书局1962年版，第83页。

[2] 陈垣：《中国佛教史籍概论》卷二，论《续高僧传》，中华书局1962年版，第30页。

两个方面，一方面赞颂历史上的爱国志士，借以表达和教育沦陷区人民坚持斗争的不屈意志；另一方面则是指责历史上的变节之臣，借以痛斥汉奸的无耻事敌。例如：卷一论《历代三宝记》一文，引《三宝记》中《忘名传》的材料，记述沙门释忘名原为梁朝人，梁败而出家，后周齐干入京，逼他还俗，释忘名誓不还俗事敌，并作《无正旧事》三卷。陈垣说："释忘名所撰，殆即梁末旧事，忘名盖遗民之抱国破家亡之痛者也。"寄予了同情和赞意。相反，同为梁人的宗懔、王褒、肖拐、庾信等士大夫，却降后周为臣，陈垣指斥曰："诸人皆梁之入周，觍然冠带，文人无节操至此，相形之下，和尚愧煞宗人矣。"在此一正一反，一褒一贬，表达了他憎爱分明的民族气节。

其次，《概论》中记述梁朝长史江革，为北魏俘虏而不跪，魏人闻江革才名，逼其作丈八寺碑，革坚辞，魏人以鞭笞要挟，革厉色言曰："江革行年六十，不能杀身报主，今日得死为幸，誓不为人执笔。"陈垣详引材料进行表彰，并称赞由此见"江长史之忠贞"[1]。在论

---

[1] 陈垣：《中国佛教史籍概论》卷二，论《高僧传》，中华书局1962年版，第27页。

《历代三宝记》尊南朝为正统，黜北魏为闰位的纪年特点时，陈老说："自晋室渡江后，南北分立者二百六十余年，中原士夫之留北者，始终以中国之未灭。"以上论述，既反映了他当时抗敌的信心，也鼓舞了人民的斗志。

三、《概论》的佛教史研究

《概论》还是一部研究佛教史的重要学术著作。尽管陈垣谦虚地说"此书非敢言佛教史也"，但是实际上，《概论》中收录了研究中国佛教史所必需的、最基本的资料，这些材料由梁迄清，包括经录、僧传、灯录、护教、笔记等各种体裁。《概论》详细介绍了这些典籍的书名、异名、略名、卷数异同、版本源流、撰人略历、内容体制等诸方面的情况，并对以前目录书在介绍这些情况时的错误进行考证，做出了客观而正确的结论。研究中国的佛教史离不开佛教史籍，而《概论》则是认识了解佛教史籍的钥匙，因此，佛教史专家吕澂先生在介绍中国佛教史研究资料时明确指出："陈垣著《中国佛教史籍概论》，讲述得较详，可以参看。"[1]

应该指出的是，中国佛教至明清之际逐步衰微后，近百年来，国内学术界对佛教史的系统研究非常薄弱，新中国成立前仅有蒋维乔、黄忏华各自编著的两部《中国佛教史》和汤用彤先生的《汉魏两晋南北朝佛教史》等书，新中国成立后，佛教史研究几乎成为空白，直到20世纪后期才有些专著问世。佛教史的研究状况如此，佛教史籍的系统研究尤甚，可以说，陈垣的《概论》直到20世纪后期还是这方面著作仅有的一部，从这个意义上看，《概论》在中国佛教史研究中的地位自然是非常重要的。

《概论》不仅是全面介绍佛教史籍的著作，而且书中有许多内容还对佛教史实进行了考证和论述。比如，在"撰人略历"中介绍作者时，除根据佛教史籍资料外，还利用一些儒籍的材料记述僧人的生平和事迹，并常常订正一些僧传的错误记载。此外，在卷五论《释门正统》《佛祖统纪》文中，还专门辟有"台禅二宗之争"的专题，论述天台宗、禅宗两大佛教宗派对于"七

---

[1] 吕澂：《中国佛学源流略讲·序论》，中华书局1979年版，第5页。

佛二十八祖"的不同看法和争议，进而又列"山内山外之争"一题，论述天台宗山内派与山外派不同派别争端的源流和发展。这些内容都是对中国佛教史的直接研究和探讨。

陈垣有关佛教史研究的著述，为中国佛教史的研究工作奠定了基础。任继愈先生在他主编的《中国佛教史》序言中说，陈垣与其他前辈学者的著述，"对研

图6　1950年10月12日，中央人民政府接办辅仁大学大会后合影。前排左起：教育部钱俊瑞副部长、马叙伦部长、陈垣校长、韦悫副部长

究佛教史及佛教思想提供了极为重要的思想资料和发展线索"。《概论》一书的学术价值，足以证明陈垣在这一领域中的贡献。

（原载《纪念陈垣校长诞生 110 周年学术论文集》，北京师范大学出版社 1990 年版；此文稍作修订）

陈垣史学的"记里碑"

——再读《通鉴胡注表微》

　　陈垣一生撰写了大量的史学论著，他自己最满意的两部史著，一是《元西域人华化考》，一是完成于1945年的《通鉴胡注表微》(以下简称《表微》)。这两部著作是分别代表他前、后期史学研究特点的两座高峰，而他又更强调后者为其"学识的记里碑"[1]。年来再读《表微》，又一次为书中精湛的史法和丰富的史论所深深震撼。以往对《表微》的研究，多重于说明书中反映的民族意识和抗日爱国思想，而尚未全面阐析《表微》对中国传统史学方法的科学总结，也较少注意到《表微》的抗日救国思想外，在民族观、宗教观、人生

---

[1]　陈垣:《通鉴胡注表微·重印后记》，科学出版社1958年版，第411页。

观和价值观方面的深刻史识。本文拟就此做进一步的发掘和分析，以深化对《表微》重要史学价值的认识。

一、史学风格的转变

20世纪初叶，中国社会和中国史学处于大变革的关头，随着反对外来侵略，反对封建专制，挽救民族危亡运动的风起云涌，救亡图强的爱国主义史学也日益高涨。陈垣年轻时在广东就参加了反帝反封建的宣传活动，爱国主义早已在他的思想中孕育生根。他虽然到30多岁才正式转入史学研究领域，但却在青少年时期就酷爱史学，博览群书，并曾深入地整理过赵翼的《廿二史札记》，将赵翼之书按言史法、言史事的内容分别归类作考证研究，这种做法为他后来撰写《表微》留下潜移默化的影响。

1913年，陈垣以国会议员的身份北上京师，然而北洋军阀政治的腐败和黑暗，使他大失所望，不久，他就逐渐淡出政界，转入学术著述和教学领域。20世纪初，中国史学流派形形色色，历史观和研究方法也是异彩纷呈。陈垣的史学是一种带有总结性特征的史学，一方面它以总结和弘扬中华民族文化为本，用以反对那种民族文化虚无的论调；一方面它从民族史学的丰富遗产中总结出具有民族特点的史学方法，并吸收西方近代科学的精神加以改造，以适应时代发展的需要。

在总结和弘扬中华民族文化方面，他自 37 岁正式转入史学研究起，就选择了中外文化交流这一国际汉学研究的热点，以此反映中华文化所表现的巨大魅力。在以宗教史为阵地的中外交流史研究中，他的《元也里可温教考》《火祆教入中国考》《摩尼教入中国考》《开封一赐乐业教考》等"古教四考"以及有关基督教、回回教在中国传播史的研究，不仅以丰富的史料、精密的考证解决了宗教史诸多问题，而且善于揭示中华文化与外来文化之间的互动关系，开辟了近现代宗教史研究的道路。他的《元西域人华化考》更是从中外文化交流的角度，阐述在元朝多民族统一国家兴盛的形势下，大批波斯、大食、印度、叙利亚等外国人来到中国，及中国西部的少数民族进入中原，从而接触中华文化，深受感染并被同化的事实，达到表彰中华历史文化的目的。

在总结传统的史学方法方面，他继承清代乾嘉考据学的传统，通过历史考证的躬身实践，将清代学术中各种零散的考据手段，用科学方法加以总结，从而形成多门专学。他撰成《敦煌劫余录》《中西回史日历》和《二十史朔闰表》《史讳举例》《元典章校补释例》等著作，在目录学、校勘学、年代学、避讳学等方面，归纳出各种义例和原则，这些法则为历史考据在新时代的发展提供了科学的方法论，至今仍在历史文献学和史学研究中发挥着典范的作用。

如上所述，抗日战争爆发前，陈垣已在宗教史、历史文献学、元史研究等领域作出重大贡献，成为国内外闻名的史学大家。七七事变以后，时任北平辅仁大学校长的陈垣为了保存一批读书种子，维持辅仁大学办学的独立性，坚持留在北平，与师生共患难。8年全面抗战中，他一方面利用辅仁大学为教会大学的特殊性，与日伪抗争，学校不挂日本旗，不用日文教材；一方面以三尺讲台为阵地，讲顾炎武《日知录》的经世之学，讲全祖望《鲒埼集》的抗敌思想，以激发师生的爱国斗志。当时敌伪为了利用陈垣的学术声望和影响，曾多次威逼利诱，让他出任所谓"东亚文化协会""东洋史地学会"或"大东亚文化同盟会"等敌伪机构的负责人，陈垣一一严词拒绝，表现出坚贞不屈的凛然正气和抗日爱国的民族气节。北平沦陷后，目睹人民的苦难和日寇的横行，强烈的爱国热情促使他将史学研究和社会现实联系起来。他改变了以往专注于历史考证的治史特点，着力提倡开展"有意义之史学"[1]。具体而言，就是以考证结合史论，发挥历史对现实的鉴戒作用，表达抗日爱国的思想。陈垣后来回忆这个时期的史学研究时说："北京沦陷后，北方士气萎靡，乃讲全谢山之学以振之。谢山排斥降人，激发故国思想。所有《辑覆》《佛考》《诤记》《道考》《表微》等，皆此时作品，以为报国之道止此矣。"[2] 其中提到的五部作品，即《旧五代史辑本发覆》《明季滇黔佛教考》《清初僧诤记》《南宋河北新道教考》《通鉴胡注表微》。在这五部作品中，陈垣言僧、言道、做考据、表大义，高扬了民族精神和爱国志气，而表现得最为

---

[1] 陈智超:《陈垣来往书信集》，上海古籍出版社 1990 年版，第 302 页。

[2] 陈智超:《陈垣来往书信集》，上海古籍出版社 1990 年版，第 216 页。

集中突出的，是被人誉为"最高境界"的《表微》。[1]

二、对胡三省的同情与理解

《表微》开始撰写于 1942 年 9 月，写成于 1945 年 7 月。书中所表者乃"通鉴胡注"之义，"通鉴胡注"指宋末元初人胡三省为《通鉴》所作的注释。胡三省（1230—1302），字身之，号梅涧，浙江宁海人。他的生平事迹和重要贡献长期被湮没，《元史》无传，《宋元学案》也仅有百余字的小传。至于胡三省的史学，历来人们也知之甚少，只以为《通鉴》胡注擅于音训、地理，不了解其中丰富的学识和内容。正如陈垣在《表微》中所说："《鉴注》成书至今六百六十年，前三百六十年沉埋于若无若有之中，后三百年掩蔽于擅长地理之名下，身之殆可谓真隐矣。"[2]（以下凡出自《表微》者不再注出）直到陈垣做《表微》时，才根据清光绪《宁海县志》卷二十中胡三省的墓志及其

[1] 牟润孙：《从〈通鉴胡注表微〉论援庵先师的史学》，见《励耘书屋问学记》，生活·读书·新知三联书店 1982 年版，第 66 页。

[2] 陈垣：《通鉴胡注表微》，辽宁教育出版社 1997 年版，第 54 页。

他材料，将胡三省的生平事迹公之于世，更通过《表微》揭示了胡氏《通鉴音注》重要的史学价值和丰富的思想。

按胡三省《新注资治通鉴序》所述，他校注《通鉴》的工作始于南宋理宗宝四年（1256年），约于度宗咸淳六年（1270年）到临安前，完成了《通鉴广注》九十七卷、《通论》十篇。恭帝德二年（1276年），元军攻陷了临安，在避难新昌的路途中，凝结多年心血的书稿在战乱中不幸丢失。南宋灭亡后，胡三省决不仕元，他返回故里，隐居乡中。在悲痛之余，再购异本，重新校注《通鉴》。与前次校注不同的是，注文不再独立成书，而是散入相应的正文中，全部工作于元朝至元二十二年（1285年）冬完成。由此算来，《通鉴音注》的撰写前后用了30年的时间。书稿虽完成，但胡三省却没有停歇，直到他去世前，仍在修订书稿，"诸子以年高不宜为言，则曰吾成此书，死而无憾"[1]。《通鉴音注》的内容极其丰富，涉及字音、文义、名物、典制、地理、史论等，他以"音注"为名（故注中有关

[1] 王瑞成修、张浚等纂：《宁海县志》卷二十，清光绪间刻本。

辨字读音和训释的内容俯拾皆是），但胡注的价值又不仅仅在音注。陈垣说："其注《通鉴》，名音注，实校注也。"胡三省校注的范围非常广泛，包括对《通鉴》正文及有关文献的校勘考证，对《通鉴》史文的注释和补充，还有丰富的历史评论。

在《通鉴音注》历史评论的字里行间，胡三省常常流露出思念故国和反抗压迫的感慨悲愤之情。陈垣在《表微》的"重印后记"中谈道："我写《胡注表微》的时候，正当敌人统治着北京；人民在极端黑暗中过活；汉奸更依阿苟容，助纣为虐。同人同学屡次遭受迫害，我自己更是时时受到威胁，精神异常痛苦，阅读《胡注》，体会了他当时的心情，慨叹彼此的遭遇，忍不住流泪，甚至痛哭。"[1]正是相同的处境，感慨彼此的遭遇，使他能够深入体会胡三省注文中深蕴的含义，因此决心来研究胡三省的学术和思想。陈垣写作《表微》的目的是要介绍胡三省注史的成就和民族意识，结合胡注的内容，总结中国古代的史学传统和自己的治史经验，并借古喻今，表达爱国情怀。此书共

---

[1]　陈垣：《通鉴胡注表微·重印后记》，科学出版社1958年版，第411页。

选用胡注精语近 750 条，引证书籍 250 余种。全书分 20 篇，每篇选胡注精语 30 条左右进行注释，篇前有一小序，概括本篇所阐释的史法或史事之要旨，并指明胡三省《通鉴音注》在这方面的成就。前 10 篇侧重讲史法，既从校勘、目录、考辨、避讳等方面总结历史考证的方法和经验，又从议论、感慨等方面分析史论这一方法在史书中的作用。后 10 篇言史事，即结合历史事件、人物和胡注的内容，阐发陈垣自己的政治思想和社会思想，尤其是将历史与现实联系起来，抒发他的爱国情感和民族意识。无论是言史法还是言史事，都表达了陈垣对社会现实的关注，对国家前途和民族命运的思考。

三、总结中国史学的方法

继承中国史学的优良传统，以近代科学精神总结具有中国民族特点的史学方法是《表微》的重要贡献。陈垣在《表微》的史法诸篇中，通过阐释胡氏注文，结合自身治史经验，从史书体例、历史考据、史学评论等方面总结了一系列具有中国特点的史学方法。

1.对古代史学义例、书法的阐释与批评。中国古代史学历来重视史书的体例,孔子修《春秋》发凡起例,公羊、榖梁、左氏三家相继探赜发微。刘知几曾强调:"夫史之例,犹国之有法,国无法,则上下靡定;史无例,则是非莫准。"[1]将著史义例提到治国的高度去认识。陈垣治史也历来重视义例,他的著作尤个具有体例严谨、归类条理的特点。《表微》中的本朝篇、书法篇即为讨论史学义例而设,研究史学义例的目的一是为了使人们更好地认识古代史书的体例,以便了解古代史家的义旨;二是要运用近代史学的科学方法,纠正古代史家在义例上存在的一些问题。

全书开篇的本朝篇,旨在揭示胡三省以宋朝为宗国、决不仕元的立场,以明《通鉴音注》之体例。陈垣说:"胡身之今本《通鉴注》,撰于宋亡之后……然观其对宋朝之称呼,实未尝一日忘宋也。"因为《音注》全书数百卷之中,凡遇宋朝多称"我朝"或"我宋";至于前后数十卷中只单称"宋"或称"宋朝"之处,陈垣认为这明显与全书体例不符,应是元末刻版时为避

---

[1] 刘知几:《史通》卷四《序例第十》,辽宁教育出版社 1997 年版,第 25 页。

免违碍所改，而书中大量尊宋的称呼，才是胡注的本文。此外，胡注文中也可见"大元"之说，这又似乎不符胡注亲宋疏元之例。陈垣以为，按《元史》卷七所载"建国诏令"，"大元"本为元朝国号，当时要求二字连用，"称宋曰我，称元曰大，我者亲切之词，大者功令之词"，故"大元"无胡氏亲元之意。

《表微》认为《通鉴》书法不似《春秋》严于褒贬，而能"据事直书，使人随其时地之异，而评其得失，以为鉴戒"，自有其长处。当然，《通鉴》在书法上也存在问题。比如，《通鉴》卷七十六"魏高贵乡公正元元年"下，胡注曰："是年嘉平六年也，冬十月，高贵乡公方改元正元。"冬十月，曹魏高贵乡公才即位并改元正元，可是为什么正月便书"魏高贵乡公正元元年"呢？原来是《通鉴》为了纪年方便，凡在年中改年号者，必将后一年号冠于该年正月之上，这是其纪年不精确之处。《表微》指出这一缺陷："古时改元，并从下诏之日为始，未尝追改以前之月日也。"陈垣又以其丰富的年代学知识，说明纠正这一缺陷的方法："余撰《二十史朔闰表》，凡在年中改元者，不书其元年，而书其二年，睹二年即知有元年，而前元之末年，不致被抹煞也。"此外,《表微》还批评了在史书中因受"天命论""天人感应"说影响而记祥瑞或灾异的现象,告诫读史者勿受其惑,"此乃古代政治家之妙用,读史者深知其意可焉"。

2.论述文献考辨的方法,阐幽抉微,纠谬补缺,示人以范例。陈垣素以考据精确世无匹敌而闻名。《表微》的校勘篇、避讳篇、考证篇、辨误篇反映了他对中国传统史学考据方法的类例归纳和总结分析,在此基础上,他结合自己多年的考史经验,加以补充、升华,从而将历史考证提升到一个新的高度。书中可供后学取法之处集中于以下几个方面:

其一,论校勘之功用、校勘方法及应遵守的原则。"校勘为读史先务,日读误书而不知,未为善学也。"这是陈垣论校勘功用的至理名言,他在《元典章校补释例》中所揭橥的对校、本校、他校、理校等"校勘四法"也成为现代校勘学必然遵循之不二法门;《表微》中,陈垣即以此四法示人以范例。首先,他指出四法之中对校法是校勘的基础,"校勘当先用对校法,然对校贵有佳本",因而选择较好的版本作为对校本又是校勘的重要条件。校书"未得祖本之前,只可用他校"；胡三省校注《通鉴》，因原稿和《通鉴》诸本在兵荒马乱中散失，故胡氏所校以理校为多，他校次之。虽因胡氏功底深厚，其理校"往往奇中，与对校无异"，然此乃不得已而为之；陈垣认为，在校勘中仍是"他校费力而未必中，不如对校之省力而得其真"。

校书不仅"贵有佳本"，而且要多蓄异本。清人赵绍祖《通鉴注商》一书曾以为：《通鉴》卷八十七"晋怀帝永嘉五年"有"风景不殊，举目有江河之异"一句，"江河"实不可解，应做"江山"；并以《晋书·王导传》为证，批评胡注未能校改，反做附会。陈垣指出，此校乃赵绍祖自误，《晋书·王导传》宋本作"江河"，故温公、身之本不误；赵氏读误本《晋书》，乃"株守一书，不讲求异本之过也"，"校书当蓄异本，岂可轻诬古人！"

校勘既要注意以祖本、佳本为校，就应讲究版本源流，才能真正地选出祖本、佳本。因此《表微》在论校勘要求时，也颇重视对版本源流的分析。如论身之校注《通鉴》所用版本时，就详细考察了《通鉴》的祖本及由一传至四传各本的刊刻源流，从而纠正了《铁琴铜剑楼书目》、《仪顾堂题跋》、光绪间胡元常《刻通鉴全书序》等对《通鉴》版本叙述的错误。

此外，诸如强调校勘不得"任意将原文臆改"，批评清代校勘大家顾广圻妄改《通鉴》之例；强调校书要有"校勘常识"；强调校书不得妄补，"与其妄补，毋宁仍史阙文之为愈矣"；等等。皆为校勘学的要义和校勘工作必须谨守的原则。

其二，论避讳学为考史之用，考宋元避讳之史实。避讳是中国历史上特有的制度，因此《表微》说："不讲避讳学，不足以读中国史也。"陈垣在作《表微》之前，已著有《史讳举例》详述中国避讳的历史，并介绍运用避讳学考史的种种方法。《表微》避讳篇说："避讳与奉正朔相等，服则避，不服则不避，五代时其例特著。"陈垣举唐将王、王处直降后梁而避梁庙讳、南唐主李降后周而避后周高祖名讳等事例，说明可利用避讳考政治关系，这是在避讳学方法上对于《史讳举例》的补充。

在避讳篇，陈垣还考察了宋元的一些避讳制度，如指出胡三省虽熟谙避讳掌故，但在《音注》卷一开篇就把宋真宗和宋仁宗的名讳相混，"此以避讳为解释在第一卷而即误者"。又指出，胡三省及南宋不少学者以为"准"字的出现乃因避北宋丞相寇的名讳，其实不然。"盖、准自古通用，以为避讳改者固非……"《表微》还考察了元朝避讳的情况，指出"因元诸帝名皆音译，无定字，故国讳不避，而家讳亦渐废弛"。与国讳不避、家讳废弛相反的现象是"官讳仍然重视"，这是元朝避讳史的一个特点。

其三，阐明历史考证的意义和地位，以具体例证论述历史考证要注意的要求和方法。《表微》在考证篇开宗明义地指出："考证为史学方法之一，欲实事求是，非考证不可。彼毕生从事考证，以为尽史学之能事者固非，藐视考证以为不足道者，亦未必是也。"这里表达了陈垣对考据学完整、准确和科学的看法。陈垣的史学是从总结继承中国古代史学，尤其是清代乾嘉史学入手的，他的治史论著也多以考证为主。他在给方豪的信中说道，"从前专注考证，服膺嘉定钱氏"。抗战以后，为了适应时代的需要，陈垣提倡"有意义之史学"，治史不以考据为限。《表微》考证篇中既有对史学考证重要作用和地位的肯定，又不以考证"为尽史学之能事者"，反映了陈垣史学风格的发展和变化。

《表微》考证篇和辨误篇，通过具体史实的分析考辨,阐明了许多有关考据学的精义。如"考证贵能疑"、考证"当于细微处加意"、需"明书之不可尽信",说明治史要有敢于怀疑的精神,明察秋毫,方能去伪存真。又如"读史必须观其语之所自出",考证需"逐一根寻其出处""沿流溯源,究其首尾",则强调考证要追寻史源,审明史料的源流关系、止误偏差,了解其可信之程度。又曰"考史者遇事当从多方面考察,不可只凭一面之词矣""考证不徒据书本""考地理贵实践,亲历其地""考史注重数字"等;从总体上讲,要求考证要参稽考核,多方验证,要兼顾书证、物证、理证,不能偏执一端。从具体而言,则要求善于从数字上发现问题,善于实地考察。这些都是考据学的金科玉律。

3. 阐述史学评论的地位和要义,同时揭示胡注蕴含的史学思想。《表微》的解释篇、评论篇、感慨篇、劝诫篇是将史学评论作为一种治史的方法来加以分析的。首先,陈垣认为,史论是史学的重要内容,不仅史书有论,史注也应有论。他举经注诸家、史注中著名的裴注,皆在注解中参以议论之例,说明"注中有论,由来尚矣"。史论的作用一方面在于"言为心声",

便于表达史家对于历史的看法，故"觇古人者宜莫善于此"，后人能从史论中较为直接地了解史家的历史认识；另一方面能更好地表现史学"鉴古知今""彰往知来"的功用。史论既是史学的重要内容，自然也是治史的重要方法，因此《表微》强调治史应并兼考据和议论，"务立大义"，"不专为破碎之考据也"。

《表微》批评了轻视史论的倾向，说"自清代文字狱迭兴，学者避之，始群趋于考据，以空言为大戒"。然而并非所有的史论都是空言，陈垣以北宋胡寅的《读史管见》和清代王夫之的《读通鉴论》为例，指出这样的史论著作"皆是代表一时言论，岂能概以空言视之"。他认为治史"以意言之，不专恃考据，所以能成一家之言"，这是对史学评论在史学中重要作用的充分肯定。以上分析不仅表明他既重考史又重论史的科学方法论，也反映他此期对于进一步发挥史学功能，为现实服务这一目标的重视。

陈垣认为胡注中的史学评论就很多，而且"每针对当时，以寓规讯，尤得以鉴名书之义"，发扬了史学鉴戒的作用。《表微》用大量篇幅恰如其分地阐发了胡三省寓于注文的"规讯"之意，准确揭示了胡氏的思想。这样的内容在"史事"十篇中最多，在"史法"十篇则于解释、评论、感慨、劝诫诸篇为多。《表微》指出胡注中所寓深意，如有感于元初汉儒的悲惨遭遇，"凡淮蜀士被俘者，皆没为奴"；有感于元兵攻城，"积死于城下者，皆宋人"，阐明了胡三省反对元兵滥杀和反对民族压迫的思想。《表微》述胡注叹比年襄阳之失守，"呜呼痛哉！"叹宋朝帝后受臣妾之辱，"呜呼痛哉！"斥宋末降敌之将臣"背父母之国，不念坟墓宗族，是反天性也"，表彰了胡三省的爱国情感和坚贞气节。《表微》表胡注责贾似道不引败为过；责宋儒"多大言而少成事"，终不能恢复中原；叹刘宋侈靡，而"我宋之将亡，其习俗亦如此"，反映了胡三省对宋亡历史原因的思考。

陈垣总结中国传统的史学方法，用近代科学精神加以提炼，通过自己的史学实践不断充实提高，《表微》集中反映了他的这些突出贡献。牟润孙在高度评论《表微》的史学成就时说："援庵先生由考据及西方汉学入手，也学了西洋方法，而终于回到通史以致用的中国传统史学路途上来。他早期研究宗教史、中西交通史，最后回到研究《资治通鉴》，讲传统政治史，讲传统史学方法，诚如向觉明所批评，援庵先生成了'正果'。"[1]

四、阐发深刻的史学思想

《表微》在陈垣的史著中议论最多，蕴含了陈垣关注社会、关注政治、关注现实等丰富而深刻的史学思想。这是《表微》另一个重要的史学贡献。

1.《表微》表达了对社会政治、民族与宗教的认识，以及有关人生观、价值观等重要思想。这些有益于时务的史论，反映出陈垣强烈的社会责任感，以及他倡导经世致用、开展"有意义之史学"的追求。在政治思想方面，陈垣主张为政之道要善用人才，"人各有能有不能"，"用违其材，则有三害：害其人，害其民，害其事"。中国是个农业大国，抓好农业历来是国之大政，因此《表微》说："谷贱伤农，古有明训。"说明只有扶持农业，才能有国家的根本。除了用人、重农，《表微》还特别讨论了如何衡量一个政权的政治优劣的问题。《表微》认为："人民心理之向背，大抵以政治

---

[1]　牟润孙：《从〈通鉴胡注表微〉论援庵先师的史学》，见《励耘书屋问学记》，生活・读书・新知三联书店1982年版，第76页。

之善恶为依归。"民心向背既是衡量政治优劣的标准，也是决定一个政权生存与否的重要因素。《表微》曰："顺人心而为之，故非常之谋，有时亦可不败。"非常之谋即指一些超乎常规的做法。相反，不合民意则"民有离心，虽用重典，无济于事"，这充分说明了"水可载舟，亦可覆舟"的道理。由于抗日军兴，为了服务现实，《表微》还针对国家政治中的边事问题进行深入分析，指出："边事犹今言国际之事，息息与本国相通，不可不知己知彼者也。"强调"安边之术，首在不贪不暴"；巩固边防在于"坚凝边民之心"，这说到底也是一个民心向背的问题。

《表微》对民族问题、宗教问题也有不少分析。陈垣在书中多次阐明中国是一个多民族的统一国家，魏晋时期进入中原的许多少数民族，在"隋唐混一后，涵容孕育"，"经若干年，语言文字、姓氏衣服，乃至血统"皆与中原混而无别，"同为中国人矣"；宋元时期第二次民族融合又一次扩大了汉民族的规模，"契丹在金元，均称汉人""女真在元，亦已称汉人，在今则皆谓之华人"。中国的历史是一个多民族不断融合的历史，因此"今之言氏族者利言其合，然后见中

华之广。固不必穿凿附会，各求其所自出也"。这是
陈垣讲求民族团结、民族平等的科学民族观。对于中
国历史上的宗教问题，《表微》认为宗教之盛，盖因社
会荒乱，人们"精神无所寄托，相率而遁于玄虚，势
使然也"。宗教与政治、民族问题有密切的关系，"吾
国民族不一，信仰各殊，教争虽微，牵涉民族，则足
以动摇国本，谋国者其不可不顾虑及此"。如何对待
历史的和现实的宗教，《表微》的观点有二，一是"信
仰贵自由"，二是"尊此者固不必以抑彼为能也"，讲
求信仰的自由和宗教的平等。中国历史上的宗教虽与
政治有密切关系，但是宗教不能代替政治，《表微》说：
"梁武帝之于宗教，弊在因宗教而废政治，或于政治
混而无别，遂以祸国。"书中批评了梁武帝、唐懿宗、
宋徽宗等人因宗教而荒政之弊。

以史为鉴，史学不仅可以资鉴于政，史学还有益
于陶冶情操和人生修养。《表微》有许多因史而发的关
于人生观和价值观的议论，用于激励自己和启迪他人。
比如《表微》指出"君子贵淡泊宁静"；人生戒贪，货
利如水火，"人非水火不生活，水火而过剩，亦足为
灾也"。个人修养的提高，与形成良好的社会风尚和

民族素质的提高密切相关，故《表微》曰，"人相习于善，则世风日上；相习于恶，则世风日下"；"人无自尊进取之心，则社会永无进化矣"。总之，《表微》对于社会政治、民族宗教种种问题的阐析，是从史学中总结出社会、人生之至理，这不仅表现了陈垣的史学睿智，更说明他的史学已不局限于书斋中的考史，而是走出了书斋，以天下为己任，期望着民族的崛起和自强。

2.《表微》最能体现时代精神之处，是陈垣通过陈古证今、以古喻今所表达出来的抗日救国思想。这些思想内容主要有以下几方面：一是强调热爱祖国，激扬民族意识。全书开篇即借对"本朝"称呼的讨论，抒发民族的爱国思想。陈垣说："本朝谓父母国。人莫不有父母国，观其对本朝之称呼，即知其对父母国之厚薄。"他在感慨篇里说："人非甚无良，何至不爱其国。"指出爱国思想是每一个正直的中国人固有的自觉意识，有了这种历久弥坚的爱国传统，中国人便宁死不当亡国奴，"谁愿为敌国之民哉！"与爱国精神紧密相连的是民族意识，在中国，"民族意识，人皆有之"。"当国家承平及统一时，此种意识不显也，当国土被侵凌，被分割时，则此种意识特著"。他在这里特别强调，民族意识历来是中华民族团结克敌的精神支柱。近代以来，中国虽然国力日蹙、危机重重，然而"中国民族老而不枯"，自有其强大的生命力。在国难当头之际，炎黄子孙自能坚凝一致，战胜顽敌。他在夷夏篇、边事篇中论古喻今，坚定地声明，"中国之分裂必不能久也"，"中国人所以有信心恢复中原也"。

二是揭露日寇暴行，痛斥汉奸卖国。《表微》常借评论古代入侵中原的侵略者"生性残忍""又有民族之歧视"，喻指日寇的罪行，以激发国人同仇敌忾。比如，边事篇中分析侵略者掠物、掠人、掠地、掠国的四个步骤，意在揭露日本帝国主义企图侵吞中国的狼子野心；解释篇中特申胡三省重言解释"屠城"之义，是为了让国人铭记日军南京屠城的罪恶。陈垣在书中还无情鞭挞历史上勾结外族、迫害同胞的民族败类，常以"人之恨之，不比同类"；"千夫所指，无疾而死"等语句痛斥汉奸。他还借古讽今，警告当时的汉奸说："借外力以戕宗国，终必亡于外人。"

三是表彰抗敌忠臣，鼓舞抗日士气。《表微》在论史之中，特别注意表彰那些宁死不降、为国捐躯的忠臣和人民勇于反抗外敌的事例，用以昭示中华民族坚贞不屈、不畏强敌的光荣传统。其中如记述宋末湖南安抚史李芾据守潭州，与元兵激战三月，城破而全家殉国，"其义烈感人至深可想也"。又记宋末常州守将陈、胡应炎等人与常州共存亡，殉节后州人为他们立祠，"忠义之名，人所共爱也"。陈垣还借十六国时汉族人民反抗外族入侵史事，引申发挥，指出"中国人虽爱和平，然不可凌暴之至于忍无可忍也"，表明中国人民热爱和平，但又不畏强暴，敢于同日本侵略者奋战到底的决心。

四是呼唤中国的自强、民族的复兴。陈垣认为要免遭外敌侵凌，"大抵重在自强自治，不与人以可乘之机"。他在《表微》中论古证今，多次谈到国家自强的意义。在呼唤自强的同时，也批评了国民党当局的腐败，指出："政治不修明，不能禁人之不窥伺。""中国政治而腐败，又安能禁其不生蔑视之心耶！"应该说，《表微》中蕴含的抗日救国思想是很丰富的，并不仅限于以上几个方面，然仅从以上所述亦可看到陈垣强烈的历史责任感和拳拳爱国心。

史学家白寿彝说："我愿意特别推荐《通鉴胡注表

图 7　1959 年 2 月，陈垣在书房

微》这部书，这是援庵先生所有著作中最有代表性的
作品，其中有不少值得我们好好挖掘的东西，这是更
可珍视的遗产。"[1] 这是经过深入研究、深思熟虑之后
做出的负责的推荐。《表微》无愧于这样高度的评价，

---

[1] 白寿彝：《要继承这份遗产》，见《励耘书屋问学记》，生活·读书·
新知三联书店 1982 年版，第 7 页。

它集中体现了陈垣博大精深的学识和缜密睿智的思想，体现了陈垣史学发展的新高度;《表微》关注社会、关注现实的时代感，反映了近代史学发展的方向，因此它是中国近代史学史上占有重要地位的史学名著。

（原载《北京社会科学》2006 年第 2 期）

与时共奋：陈垣对 20 世纪中国史学的贡献与影响

  20 世纪中国史学经历了波澜壮阔的发展历程，中国社会的大变动和民族的独立自强，深刻地影响了历史学的面貌；中国思想文化的开放和繁荣，为中国史学提供了丰富的营养；中外史学的融汇也成为中国史学发展进步的动力。20 世纪中国史学名家辈出，思想激荡，成果丰硕，与时俱进。陈垣作为 20 世纪著名的史家，以独特的史学风格和史学成就引领风骚，其史学在 20 世纪史学大潮中经受洗礼而与时代共奋进，也必然在与其他史家的相互交流中彼此取益，共同发展。那么，陈垣的史学在 20 世纪受到中国社会、中国史学发展的哪些影响，又反过来如何推动 20 世纪中国史学的进程呢？这是中国近现代史学史研究需要深入分析并认真总结的课题。

一、建设以中华历史文化为本的民族化史学

　　20 世纪中国史学近代化过程给我们一个重要启示，就是民族史学的传统在新的历史条件下得到新生，焕发出勃勃生机。那些以为只要搬弄一些外国的学术观点和方法，就能使中国史学出现新的转机，造就中国新史学的想法，无异于痴人说梦。中国的史学只有在继承民族史学传统精华的基础上，求新求变，才能适应时代的需求，取得全面的发展。陈垣史学中的民族性理念正是符合了 20 世纪中国史学建设中国特色民族史学的发展方向，其影响力至今仍在发挥着重要作用。

　　陈垣建设民族化史学的努力与 20 世纪初新史学的兴起有密切联系。自 19 世纪末期，中国史学就已经孕育了变革的潜力。从郑观应到康有为、黄遵宪，都期望更新传统史学以适应时代的需要。20 世纪新史学的奠基人是梁启超，他以科学的进化论为理论基础，吸收外国史学理论，特别是日本浮田和民《史学通论》

的思想，构建新史学的理论体系。1901年至1902年，他先后发表《中国史叙论》和《新史学》，高举"史界革命"的大旗，对旧史学展开强烈的批判。在《新史学》一文中，他尖锐地指出旧史学存在"知有朝运而不知有国家""知有个人而不知有群体""知有陈迹而不知有今务""知有事实而不知有理想"等"四弊"；以及"能铺叙而不能别裁""能因袭而不能创作"等"二病"。他大声疾呼："史界革命不起，吾国遂不可救。"[1] 提倡要革除旧史学的"弊"与"病"，建立不以王朝更替和一姓兴衰为记述对象，而是以"叙述人群进化之现象""求得其公理公例"的新史学。此后，梁氏又陆续出版了《中国历史研究法》和《中国历史研究法补编》等一系列著作，对新史学的目的、范围、材料、编纂方法等一系列理论问题提出了构想，逐渐形成了他新史学的框架体系。与梁启超同时提倡史界革命的还有章炳麟，他在梁氏发表《新史学》等论作时就与梁氏通信联系，探讨建设新史学的问题，表达自己撰写中

---

[1] 梁启超：《新史学》，见《饮冰室合集》文集之9，中华书局1989年版，第3—6、10页。

国历史新通史的设想[1]。章氏还在他的《訄书·哀清史》篇后附录了《中国通史略例》和《中国通史目录》，展示了他的国史结构和新史学思想。梁、章二人关于新史学的提倡，从历史理论、史学功用、史学范围和历史编纂学上系统界定了新史学的特征，划清了新史学与旧史学的界线，吹响 20 世纪中国史界革命和历史学全面发展的号角。继梁、章二人之后不久，夏曾佑、刘师培出版了各自的《中国历史教科书》，力图实现新史学的构想。更为重要的是史界革命吸引了大批史学家的参与，他们纷纷在自己熟悉的领域内变革创新，并逐渐形成了互相推进的各个新史学流派，汇成了 20 世纪史学发展的大潮。

提倡新史学的梁启超，是与陈垣同处于新会的乡贤。陈垣对于梁氏提出的新史学体系也很关注，在 20 年代就专门仔细校读梁氏的《中国历史研究法》，并在上面留下许多批语[2]，可见他由梁氏著作引起对新史学的理论和方法的深入思考，而陈垣对于中国史学民族

---

[1] 见汤志钧《章太炎年谱长编》上册，中华书局 1979 年版，第 139 页。

[2] 陈垣:《中国历史研究法批注》，见《陈垣全集》第 22 册，安徽大学出版社 2009 年版，第 137—169 页。

化的探索，则在 1917 年他发表《元也里可温教考》后就逐步在他的史学著作中体现出来了。

启功先生认为，陈垣史学的本质是"对中华民族历史文化的一片丹诚"[1]，这是对陈垣民族文化史观的准确概括。在 1917 年至 1937 年抗日战争全面爆发之前，陈垣坚持具有中国特色的民族化史学的思想，表现在他的史学研究内容上，以中华民族文化为本，大力弘扬中华民族优秀的传统文化，阐明中华文化巨大的生命力和影响力，揭示中华文化在世界文明发展和中外交流中的重要作用。纵观他此期的历史著述，如《元也里可温教考》《火祆教入中国考》《摩尼教入中国考》《开封一赐乐业教考》等"古教四考"，以及其他基督教、伊斯兰教入华史略等一批有关中外文化交流的著述，不仅讲外来宗教在中国的传播，而且讲中土的政治形势、社会制度和思想文化对外来宗教、外来文化的影响，反映出他以中华民族文化为本，开展中外交通研究的思想特征。特别是他的史学名著《元西域人华化考》，更是以大量的史实，表彰了中华民

---

[1] 启功：《夫子循循然善诱人》，见《励耘书屋问学记（增订本）》，生活·读书·新知三联书店 2006 年版，第 139 页。

族文化巨大的生命力和感召力[1]。中华民族历来有强烈的历史意识，其实质意义即是重视民族自身的由来与传统，并且自觉地将它传续下去。晚清龚自珍曾说，"灭人之国，必先去其史""夷人之祖宗，必先去其史"[2]。龚自珍把历史记载和天下兴亡、民族存灭直接联系起来了。正是出于这种存续民族命脉的担当，中国的历史记载世代相续，绵延不断，陈垣坚持民族化史学的方向，弘扬中华历史文化，就是出于史家的历史责任感和使命担当。在 20 世纪中国史学近代化过程中，也有过全盘否定中国文化的思潮。20 年代，有些人推行一种民族文化的虚无主义，用他们的话来讲，是要把线装书统统扔到茅厕里去。陈垣奋起抵制，他发表《元西域人华化考》，用以批驳那些民族文化虚无的论调。此举得到陈寅恪的赞赏，他说："近二十年来，国人内感民族文化之衰颓，外受世界思潮之激荡，其论史之作，渐能脱除清代经师之旧染，有以合于今日史

---

[1] 可参阅周少川：《论陈垣先生的民族文化史观》，《史学史研究》
2002 年第 3 期。

[2] 龚自珍：《古史钩沉论二》，见《龚自珍全集》第 1 辑，上海古籍出
版社 1999 年版，第 21—22 页。

学之真谛，而新会陈援庵先生之书，尤为中外学人所推服。"[1]陈垣提倡要奋起直追，发展中国的民族文化，把汉学中心从巴黎夺回北京，也得到曾大力主张西化的胡适、傅斯年的响应。抗日战争时期，陈垣更是著作《明季滇黔佛教考》《通鉴胡注表微》诸书，表彰中国历史上的忠臣义士，高扬抗日的民族气节和爱国激情，极大地鼓舞了沦陷区军民的抗日斗志。当时的辅仁大学文学院院长沈兼士读了《明季滇黔佛教考》后，特意赋五言律诗一首相赠，其中曰："傲骨撑天地，奇文泣鬼神。一编庄诵罢，风雨感情亲。"[2]称颂了陈垣史学激励民族精神的正气。陈垣坚持史学研究的民族性方向，还表现在他重视中国传统史学的著述体例和治史之道，注意总结继承中国古代史学特别是清代乾嘉史学的考据方法，归纳演绎，发凡起例，为20世纪的新历史考证学建立了具有中国风格的科学范式。陈垣的史学以根植于传统而又推陈出新见长，他的史

---

[1] 陈寅恪：《陈垣〈元西域人华化考〉序》，见《金明馆丛稿二编》，生活·读书·新知三联书店2001年版，第270页。

[2] 刘乃和：《陈垣校长永远是我们的师表》，见《励耘承学录》，北京师范大学出版社1992年版，第64页。

学主张和方法论实践，在 20 世纪中国史学界产生了巨大的影响，从而成为新历史考证学的领军人物之一。在学术方向和方法与他较为契合的著名史家还有王国维、陈寅恪、顾颉刚、柳诒徵等。然而，陈垣将中国传统史学方法发扬光大的成就更为明显，因而他被誉为以"土法为上"获得巨大成功的新史学家[1]。

陈垣建设有中国特色的民族化史学的方向，影响了 20 世纪中国史学。许多史学家从自身的研究领域出发，也不约而同地将史学的民族化作为努力的目标。其中与陈垣一起在中国科学院历史研究二所共事的侯外庐，与陈垣一同在北京师范大学任教的白寿彝，都从马克思主义史学理论的高度，论证和实践了中国史学的民族化。比如，侯外庐早在 20 世纪 40 年代就提出了史学"民族化"的问题。他指出中国学人早已超出仿效西欧的阶段了，"他们在自己的土地上无所顾虑地能够自己使用新的方法，发掘自己民族的文化传统了"[2]。经过几十年的实践，在 20 世纪 80 年代，他

---

[1] 许冠三：《新史学九十年》，岳麓书社 2003 年版，第 118 页。

[2] 侯外庐：《中国古代学说思想史·再版前言》，上海文风书局 1946 年版。

又进一步论证历史科学民族化的问题，而且回顾自己的史学研究说："对于古代社会发展的特殊路径和古代思想发展的特征的论述，对于中国思想史上唯物主义和反封建正宗思想的优良传统的掘发，都是我在探索历史科学民族化过程中所做的一些尝试。"[1]白寿彝则从继承中国史学遗产的角度，对如何继承中国史学的优良传统，建设具有中国特色的历史科学进行了系统的阐述。他在 20 世纪 60 年代就发表了《谈史学遗产》一文。80 年代又连续发表了《谈史学遗产答客问》等 4 篇系列文章[2]，从历史观点、历史文献学、历史编纂学、历史文学等多个方面，辩证地分析了中国史学遗产的精华与糟粕，论述了继承优良传统、开创史学新路、建设具有民族精神和民族传统的中国史学的方向和任务。

陈垣建设有中国特色的民族化史学的宗旨，不仅影响了 20 世纪中国史学，也是 21 世纪中国史学的发

[1]　侯外庐：《侯外庐史学论文选集》上，北京出版社 1987 年版，第 18—19 页。

[2]　分别载《史学史研究》1981 年第 1 期第 1—8 页、《史学史研究》1981 年第 2 期第 1—8 页、《史学史研究》1981 年第 3 期第 1—8 页、《史学史研究》1981 年第 4 期第 1—8 页。

展方向。进入 21 世纪，经济、信息、生态、文化的全球化趋向成为新的时代特征，全球化也是当前学术界的重要话语之一。然而，在学术和文化上，"只有民族的才是世界的"，许多学者意识到，中国史学只有突显民族性特征，才能对世界文明作出特殊的贡献。比如，吴怀祺教授就从史学话语权的角度论述中国民族化史学的建设的必要性，他认为当代中国史学问题，"一是史学的时代性，一是史学的民族性。这是上一个世纪史学的两个焦点，也是 21 世纪全球化趋势下，史学发展的两大中心问题"。"十分重要的工作，就是要重视民族史学的话语权，对我们民族史学的丰富遗产进行总结，使民族史学走向世界。"[1] 因此，努力吸收中外史学的精华，建设具有中国特色的民族化史学，依然是中国史学界努力的目标。

二、推动对史料的不断发掘与整理研究

20 世纪初叶，随着近代考古学在中国的兴起，大

---

[1] 吴怀祺：《史学话语权与 20 世纪的中国民族史学——兼说 10 卷本〈中国史学思想通史〉》，《安徽史学》，2006 年第 4 期，第 13 页。

量新史料如殷墟甲骨、汉晋木简、敦煌石室遗书、内阁大库档案与各地的金石器物被不断发现、整理和利用。新史料的发现，一方面可以补充过去史籍记载之不足，一方面又带来了史学研究方法的更新。以王国维的史学研究为例，他的"二重证据法"就是在"地下之新材料"大量出土的时代环境下才得以提出来的。王国维说："吾辈生于今日，幸于纸上之材料外，更得地下之新材料。由此种材料，我辈固得据以补正纸上之材料，亦得证明古书之某部分全为实录，即百家不雅训之言亦不无表示一面之事实。此二重证据法，惟在今日始得为之。"[1] "二重证据法"利用新发现的考古材料与古文献相参照，开辟了中国古代史研究的新纪元。新史料的发现还有一层更大的意义，就在于开阔了学术视野，使当时的史家不断地扩充史料的范围，在各个领域发掘新的材料。正如当时史料学派的重要代表人物傅斯年所说的，中国的"历史学当年之有光荣的历史，正因为能开拓的用材料，后来之衰歇，正因为题目固定了，材料不大扩大了，工具不添新了"。

---

[1] 王国维：《古史新证》，见《王国维文集》第4卷，中国文史出版社1997年版，第2页。

要建设新史学，就必须"因行动扩充材料，因时代扩充工具""史学便是史料学"[1]。

新史料的发现推动了中国学者在各个领域扩充史料，取得丰硕成果，其中诸如董作宾的甲骨文研究、李济的考古学研究、赵元任的语言学研究、陈寅恪的隋唐史研究等。陈垣在新史料的发现和整理中也作出了杰出贡献，仅以上世纪初殷墟甲骨、汉晋简牍、敦煌遗书和内库档案的四大发现而言，陈垣就参与其中两项，为敦煌学和明清史立功至伟。1922 年 5 月，他以教育部次长的身份批准将教育部所辖历史博物馆收藏的 1502 麻袋档案，划归北京大学整理；后又以故宫文献部主任的身份致信他的旧识、当时的北洋政府总理许世英，成功地将清代军机处档案收归故宫文献部，成为现在国家第一档案馆的重要库藏。此后，陈垣又直接参与内阁大库档案的整理。上述两批档案，因陈垣在北大国学门任导师和在故宫文献部负责，皆由他指导学生和馆员作深入整理和编档，著名的《档案整

---

[1] 傅斯年：《历史语言研究所工作之旨趣》，见《傅斯年全集》第 4 册，台湾联经出版事业公司 1980 年版，第 266 页。

理八法》就是在当时撰著的 [1]。后来，傅斯年主持的史语所收到内库大档 8000 余麻袋档案，也聘请了陈垣为编辑委员。在陈垣、陈寅恪、傅斯年的主持下，这批档案的整理成果在 20 世纪 50 年代以前共出版《明清资料丛刊》4 编 40 册，未整理部分被运往台湾，至今仍在陆续整理出版。这些材料成为 20 世纪明清史研究的重要史料。在敦煌史料方面，他参与组织"敦煌经籍辑存会"，动员各方力量组织对国内所存敦煌经卷的收集整理，1931 年，陈垣主持编纂的《敦煌劫余录》出版。此书著录当时国内所藏敦煌写本 8679 种，开启了中国敦煌学的序幕。陈垣在自序中揭示这批敦煌经卷重要的史料价值，指出："其中遗文异义足资考证者甚多，即卷头纸背所书之日常账目、交易契约、鄙俚歌词之属，在昔视为无足轻重，在今矜为有关掌故者，亦不少，特目未刊布，外间无由窥其蕴耳。" [2]

---

[1] 以上参见傅振伦《陈援庵先生与古籍、档案整理》，见《纪念陈垣校长诞生 110 周年学术论文集》，北京师范大学出版社 1990 年版，第 12—13 页；单士元《回忆陈援庵师》，《历史文献研究》新 7 辑，北京师范大学出版社 1996 年版，第 31—34 页。

[2] 陈垣：《〈敦煌劫余录〉序》，见《陈垣学术论文集》第一集，中华书局 1980 年版，第 475 页。

陈寅恪则在《序》中倡言国人开展敦煌学研究，认为
"敦煌学者，今日世界学术新潮流也"。"《敦煌劫余
录》诚治敦煌学者不可缺之工具也。"[1]敦煌学这门被陈
寅恪称为"吾国学术伤心史"的世界显学，经过中国
学者近百年的努力，至今已在中国开花结果而远远居
于世界前列。这正是由于"《敦煌劫余录》的出版，标
志着我国的敦煌学进入了初兴时期，对敦煌学的今后
发展起了导引的作用"[2]。回顾中国敦煌学的百年发展，
陈垣筚路蓝缕之功自然是不能忘却的。

　　在 20 世纪新史料大发现潮流的激励下，陈垣形
成了重视史料，扩充史料，以及搜集、整理、考辨史
料等系统的史料学思想。他努力扩展史料的范围，除
了充分利用新发现的敦煌经卷、内府档案外，更发掘
利用许多他人未见或习见而未能运用之资源，如方志、
碑铭、案牍、佛藏道藏、图绘、楹联等，在宗教史领
域取得令人瞩目的突出成就。反过来，他又将宗教史

---

[1] 陈寅恪·《〈敦煌劫余录〉序》，见《金明馆丛稿二编》，生活·读书·
　　新知三联书店 2001 年版，第 267 页。

[2] 林家平等：《中国敦煌学史》，北京语言学院出版社 1992 年版，第
　　96 页。

领域中涉及一般政治、经济、文化等史料揭示出来，撰写《道家金石略》《中国佛教史籍概论》等，提供给各个研究领域的史学工作者去利用。为了更好地收集、整理、考辨历史文献，他集中精力开展对历史文献学各门专学的总结和建树，创立了专门探寻史料来源、辨析史料真伪优劣、判断使用正误的史源学，并在大学里开设"史源学实习"课程，培养青年考辨史料的能力。史源学至今仍作为许多高校的研究生课程，在培养学生的史学基本功上发挥着作用。陈垣培养的一批著名史学家及此后的数代学人，皆受史源学之沾溉，并深深感受到史源学对于发展 20 世纪中国新史学的意义。

陈垣的史料学思想，特别是有关史料整理的原则和方法，也深刻地影响了 20 世纪的古籍文献整理事业。早在 20 世纪 20 年代，他就提出古籍整理要校勘、标点、分段，要编制篇目、索引，要编辑专题资料汇编等主张和方法[1]，这些后来都成为 20 世纪古籍整理的基本路径和法则。1949 年以后，他参与全国古籍整理的规

---

[1] 陈垣：《中国史料的整理》，见《陈垣全集》第 7 册，安徽大学出版社 2009 年版，第 456—461 页。

划，还亲自主持或指导多项古籍整理项目，如整理《册府元龟》、点校《二十四史》等，成为新中国古籍整理事业的宗师。他的史料学思想和方法，至今仍对古籍整理工作有着重要的指导意义。

陈垣丰富、深邃的史料学思想，既得益于 20 世纪中国史学的大发展，又为推动中国史学的进步作出重要贡献。他关于搜集史料要"竭泽而渔"，使用史料"有第一手材料决不用第二手材料"的思想，关于史料整理的观念和发凡体例的史源学考辨教程，无不为史学界奉为圭臬，其影响和建树，可以说已经超过了宣称"史学便是史料学"的史料学派学者的作为。因此，史料学派的重要代表人物傅斯年将陈垣引为同道并深深为其折服，傅氏成立历史语言研究所时，就礼聘陈垣为特约研究员，并致信称其"二十年来承先启后，负荷世业，俾异国学者莫敢我轻，后生之世得其承受，为幸何极"[1]，表达了对陈垣开掘中国史料、发展中国史学的仰慕感佩之情。

---

[1] 陈智超编注：《陈垣来往书信集（增订本）》，生活·读书·新知三联书店 2010 年版，第 407 页。

三、以科学精神促进历史考证学的发展

20 世纪中国新史学的建设是与当时科学精神的提倡密切相关的，因为新史学之所以"新"，在很大程度上也表现在其近代的科学观念和方法。随着 19 世纪西方近代科学成就对中国的影响，传播和普及科学精神成为 20 世纪初叶中国社会的重要思潮。人文社会科学受到自然科学成就的鼓舞，纷纷尝试着采用自然科学的方法进行研究，历史学也开始了其漫长的科学化道路。在此过程中，胡适在史学界大力提倡科学，发挥了突出的作用。他到美国留学，受杜威实用主义思想方法和詹姆士实验主义哲学的影响，在他的《中国哲学史大纲》一书中，摸索出一套实验主义史学的范式。尤其他所提出的"证明"的方法，其实就是将实验室的方法运用到史学的实证上。他总结说："科学的方法，说来其实很简单，只不过'尊重事实，尊重证据'。在应用上，科学的方法只不过'大胆的假设，

小心的求证'。"[1] 这种典型的以实证为特征的方法，为新史学考证学提供了直接的方法论。除胡适，当时还有一些学者积极地将科学方法引入史学领域。比如汪奠基的《科学方法论》就明确地把历史学纳入科学范围，还对历史科学的方法进行了总结。汪氏在书中认为"历史的方法是间接的方法"，"虽然间接推理有许多不完全的条件，但是它可以导入科学的认识"[2]。

20 世纪初的科学观念对史学界产生了深远的影响。除胡适外，其实 20 世纪前半期活跃的史学家大多拥有很好的自然科学素养。比如，陈寅恪、傅斯年等留学法国时，自然科学课程是他们的主修科目之一；而陈垣、郭沫若、鲁迅等早年则都是学医的。陈垣也意识到自己的史学方法应该得益于早年习医的经历，他曾经在给家人的信中说他虽不行医，"然极得医学之益"，"近二十年学问，皆用医学方法也。有人谓我懂科学方法，其实我何尝懂科学方法，不过用这

---

[1] 胡适：《治学的方法与材料》，收入《胡适文存三集》，见《胡适全集》第 3 卷，安徽教育出版社 2003 年版，第 132 页。

[2] 汪奠基：《科学方法论》，商务印书馆 1927 年版，第 196 页。

些医学方法参用乾嘉诸儒考证方法而已"[1]。陈垣和大力提倡科学理念与方法的胡适在学术上也有很长时间的交往，彼此欣赏[2]。胡适曾为陈垣的《二十史朔闰表》《史讳举例》《敦煌劫余录》《元典章校补释例》等书分别撰写书评，作出高度的评价。陈垣则在与胡适就《四十二章经》问题的多次长信往返讨论之后，回信胡适，称"先生的研究态度及方法是亟当师法"，"能时时赐教督促，则幸甚幸甚"[3]，这当不仅仅是谦辞而已。

陈垣是以科学精神来开展历史考证和研究的。他在各种著述中，以精确的历史考证阐幽抉微，辨证谬误，解决了许多重要的历史疑难问题。其中如对也里可温教、摩尼教、火祆教、一赐乐业教等 4 种古教的考证，对唐僧玄奘西行始于贞观三年的考证及纠正梁启超的错误结论，对基督教、回回教入华史实的考

---

[1] 陈智超注：《陈垣来往书信集（增订本）》，生活·读书·新知三联书店 2010 年版，第 950 页。

[2] 参见陈智超《陈垣与胡适》，见龚书铎主编《励耘学术承习录：纪念陈垣先生诞辰 120 周年》，北京师范大学出版社 2000 年版，第 226—267 页。

[3] 陈智超编注：《陈垣来往书信集（增订本）》，生活·读书·新知三联书店 2010 年版，第 216 页。

证，对顺治皇帝出家史实的考证，对释迦摩尼佛牙在中国流传的考证，对大量高僧生卒年的考证，等等，不胜枚举。陈垣历史考证的精神，还表现在考证过程中如庖丁解牛般的精熟和科学实验般的严密，那些让人叹为神奇的考证过程和结果，为昔日枯燥乏味的历史考据增加了迷人的魅力，也充分证明了史学研究的科学性，因而大大提高了历史学科的地位。在诸多精彩的考证事例中，尤为令人折服的是陈垣"一字的考证"。启功曾经举了三个例子：一是陈垣考证四库馆臣于敏中的一封重要信札的写作年份，从信中记述"大雨"的"雨"字得到启发而解开谜团。二是考证顺治皇帝是否出家的问题，从《东华录》中揭示顺治灵柩被称为宝宫的"宝"字，指出宝宫即宝瓶，是骨灰坛，证明顺治是用僧家之俗用火葬的。三是利用清雍正四年后才开始避讳的孔子之名"丘"字，考证了一册伪造吴渔山的画作[1]。陈垣的"一字考证"还有不少例子，比如考证玄奘西行日期的名作，就是以玄奘所见回纥可汗乃"肆叶护"而非"统叶护"的一字之差，作为关

---

[1] 启功：《夫子循循然善诱人》，见《励耘书屋问学记（增订本）》，生活·读书·新知三联书店 2006 年版，第 143、144 页。

键证据的。陈垣的"一字考证"并非出自偶然或侥幸，而是他"考证当于细微处加意"方法的贯彻施行。从细微处找到问题的关节点，就如在乱丝中找到线头一样，只有抓住头绪，才能由此及彼，层层剥离，最终找到正确的答案。

　　陈垣不仅以科学考证的精密过程和准确结论为20世纪中国史学提供典型示范，还注意从方法论上加以总结。比如他在《通鉴胡注表微·考证篇》中所归纳的"考证贵能疑"，考证"当于细微处加意"，"考史注重数字"，考证"当观其语之所自出"，"考地理贵亲历其地"，"考史者遇事当从多方面考察"，"考证不徒据书本"，考证需"沿流溯源，究其首尾"等多种考证方法 [1]，已成为20世纪新历史考证学的金科玉律，供后人取法，从而对20世纪中国史学产生了深刻久远的影响。陈垣的历史考证成果和考证学思想，是20世纪中国史学光彩夺目的宝藏。与他同时代的中外史家都给予了高度的评价，如日本的桑原骘藏称其"考据精确"，中国的陈寅恪誉其"精思博识"，胡适则认为

---

[1]　陈垣：《通鉴胡注表微》，辽宁教育出版社1997年版，第70、78、79、80、86、87、91、97页。

是"精密的考证"。20 世纪 50 年代以后的中国马克思主义史学家，也都推崇他的考证方法和成就，史学史专家白寿彝说："援庵先生的史学，以历史考据方面最有成就。""援庵先生的考据工作，是从学习钱大昕入手，但他的成就是远远超过钱大昕和乾隆嘉庆年间的考据家的。"[1]

四、为历史学开辟新领域和新学科

白寿彝对陈垣为 20 世纪中国史学开辟新领域、建立新学科的贡献有过高度的概括。他说："援庵先生在史学方面给我们留下丰富的遗产。""他对于中国宗教史的研究开拓了新的领域，对中国历史文献学的研究建立了一定的基础。""他对于外来宗教史的研究，同时也是他对中外文化交通史研究的主要内容。"[2] 陈垣为中国史学开辟新领域的底蕴来自两个方面，一是

[1] 白寿彝：《要继承这份遗产》，见《励耘书屋问学记（增订本）》，生活·读书·新知三联书店 2006 年版，第 109 页。

[2] 白寿彝：《要继承这份遗产》，见《励耘书屋问学记（增订本）》，生活·读书·新知三联书店 2006 年版，第 106 页。

对中国传统史学的总结，一是对西方近代史学的借鉴。他善于从传统史学中推陈出新，在 20 世纪中国史学的风云际会中，他与同时代的著名史学家相互激励和取益，并形成自己史学的独特风格和取向。比如，他"鉴洋而不崇洋，用洋而不迷洋"的态度就与胡适"西体中用"的路径相异；他"专以汉文史料"考史的特点，也与王国维旁采日、英述作，陈寅恪广聚异国殊文形成鲜明对照。他"以土法为本，洋法为鉴"取得巨大成功，被称为是"岸然屹立于崇洋浪潮中的新史学家"[1]。那么，陈垣是如何借鉴西方史学的，是否有所吸收或秉承呢？这个问题有必要作稍进一步的考察。

首先可以肯定地说，陈垣对于西方史学并不生疏，他虽有与之竞争的愿望，但没有表现出明显的排斥。由于他的基督教史研究要接触一些西学文献[2]，虽然这些文献主要是汉译的天主教文献，但也涉及这些文献的流传和研究。所以，基督教史研究是他接触西学的

---

[1] 许冠三：《新史学九十年》，岳麓书社 2003 年版，第 79 页。

[2] 比如，在《陈垣全集》第二册中，就收有他研究的天主教文献《灵言蠡勺》《辨学遗牍》《大西利先生行迹》《主制群征》等；还有他对《圣经》旧约、新约异文的考证。

一个窗口。陈垣在学界的朋友中，中国的胡适、陈寅恪、傅斯年皆曾留学外国，对西方史学非常熟悉，在彼此的长期交往中会受到一些影响。他与西方学者伯希和，与日本学者桑原骘藏、富士川有交游或通信，也由此对西方史学有一些了解。同时，也因陈垣在中西交通史研究中，有"把汉学中心从巴黎和东京夺回北京"的愿望，因此他比较关注日本和西方汉学的最新成果。他的弟子牟润孙就曾说："先师非常注意日本或欧美的汉学家有什么著作论文发表，他自己时时看日本所编的杂志目录索引，也告诉学生要时时留心国际学术行情，甚以闭门造车为大忌。"[1] 他没有出国留学的经历，但是很支持他的学生们出国留学，去了解西方史学的新观念和新方法。比如，他"当年全力支持姚从吾留学德国，即希望他学会西洋史学方法与中国史学结合"[2]。姚从吾是陈垣在北京大学任教时的学生，赴德留学回国后在北京大学任教，曾任河南大学

[1] 牟润孙：《励耘书屋问学回忆》，见《励耘书屋问学记（增订本）》，生活·读书·新知三联书店 2006 年版，第 73 页。

[2] 牟润孙：《从〈通鉴胡注表微〉论援庵先生的史学》，见《励耘书屋问学记》，生活·读书·新知三联书店 1982 年版，第 75、76 页。

校长，后赴台湾大学任历史系教授，是辽宋金元史的著名专家。

　　未能熟练掌握西方语言，可能是陈垣了解西方新史观和史法的障碍。不过，他也有一个缓解的办法，就是从效仿西方史学的日本史学界了解西方史学的新动态，并利用他们的新成果。牟润孙指出："陈先生极注意研究史学的方法，他能读日文书，通过日本人的翻译，他读了西洋人的史学方法，确是事实。"[1]大概因为日文中有数量不少的汉字，因此陈垣能粗通日文的阅读，并在别人的帮助下利用日文文献，牟润孙的回忆可以从陈垣的著述中得到证明。在陈垣早年从事医学研究时，为纪念德国著名的细菌学家科赫（Robert Koch），曾将日本《医事新闻》第 758 号上的一篇科赫小传译为中文，题曰《古弗先生》，发表于 1910 年在广州出版的《光华医事卫生杂志》第 1 期上。[2]此后，又译科赫的著作目录，题为《古弗先生之业绩》，发

---

[1]　牟润孙：《从〈通鉴胡注表微〉论援庵先师的史学》，见《励耘书屋问学记》，生活·读书·新知三联书店 1982 年版，第 67 页。

[2]　陈垣译：《古弗先生》，见陈智超编《陈垣早年文集》，台湾中研院中国文哲研究所 1992 年版，第 315—320 页。

表于同年出版的《光华医事卫生杂志》第 2 期 [1]，由此可见，陈垣能阅读利用短篇日文文献。不过，有时他也请人协助翻译。1933 年，在撰写《元秘史译音用字考》一书时，他就专门请朋友黄子献将日文《元秘史》回译为中文，以便与该书的其他版本作比较考证 [2]。更有说服力的是他在《元也里可温教考》中，有两处翻译引用了当时日本史学家田中萃一郎和坪井九马三的研究成果，来辅证他对"也里可温"名称的解释。两位日本学者都从西方语源学的角度论述了"也里可温"从印欧语系向汉藏语系的转换，陈垣据此而作出结论："故吾确信也里可温者为蒙古人之音译阿剌比语，实即景教碑之阿罗诃也。" [3]

在主动学习西方的新史观和新方法方面，陈垣的行动似乎也有迹可寻。刘贤博士根据牟润孙《发展学术与延揽人才——陈援庵先生的学术风度》一文所言，

[1] 陈垣译：《古弗先生之业绩》，见陈智超编《陈垣早年文集》，台湾中研院中国文哲研究所 1992 年版，第 332—337 页。

[2] 陈垣：《与黄子献》，见《陈垣全集》第 23 册，安徽大学出版社 2009 年版，第 180、181 页。

[3] 陈垣：《元也里可温教考》，见《陈垣学术论文集》第一集，中华书局 1980 年版，第 4—6 页。

考索陈垣向奥地利神父施密特（Wilhelm Schmidt）学习文化人类学的片断；分析陈垣在《明季滇黔佛教考》卷四对于神话传说、"近世民俗学者"观点的论述；认为陈垣"主动向日本和西方学习，有迹象表明，他自觉学习了人类学、民俗学的方法"[1]。审慎而言，陈垣对于 20 世纪初西方新史观和治史方法是认真关注的，虽然限于他对欧洲语言文字所掌握的程度，真正能够吸收的较少；但是他通过日本史学界，了解和利用了相关的成果。

在继承传统史学精华，借鉴西方史学的过程中，陈垣在 20 世纪为中国史学开辟了一些新的领域。具体而言，包括外来古教史、中国基督教史、伊斯兰教史、道教史、中外文化交通史，以及避讳学、年代学、史源学等。在宗教史与中外交通史研究方面，他的宗教史研究关注各教的兴衰与传播，但不专门研究各教的教义。其研究范围非常广泛，著述宏富，仅有关中国基督教史方面的研究，就有论著和整理校订之作 40余种。在宗教史研究中，陈垣极大地扩充了可资利用

---

[1] 刘贤：《学术与信仰——宗教史家陈垣研究》，中国社会科学出版社 2013 年版，第 227、233、237 页。

的史料范围，以其缜密的历史考证所向披靡，解决了许多历史疑案，为 20 世纪中国史学开辟了科学的宗教史研究的道路。因此，早在 20 世纪 40 年代初，陈寅恪就指出："严格言之，中国乙部之中，几无完善之宗教史，然其有之，实自近岁新会陈援庵先生之著述始。"[1] 陈垣在宗教史研究中所阐发的史学思想，更是给后人以极大的启发。比如，他特别阐明了宗教与政治的密切关系，注意宗教史中的政治因素；把宗教史作为文化史的组成部分来研究，指出"宗教乃文化之先锋"，从而揭示中外文化交通与宗教传播的内在联系。他的宗教史研究还能从历史的是非褒贬中惩恶扬善，发挥鉴戒作用，抗战时期所作的"宗教三书"则都有这个目的。他还注意发掘宗教史料对一般历史研究的作用，如《中国佛教史籍概论》，就是专为史学开一"新园地"之作。所以，"可以毫不夸大地说，陈垣先生是 20 世纪我国宗教史研究的奠基人。他在这方面的许多论著，迄今仍是这门学科研究者必读的著作，

---

[1] 陈寅恪：《陈垣〈明季滇黔佛教考〉序》，见《金明馆丛稿二编》，生活·读书·新知三联书店 2001 年版，第 272 页。

具有指导意义"[1]。

在宗教史研究的同时，陈垣也开拓了我国中外文化交通史研究的阵地。他在 20 世纪初开始的中国基督教史研究的 40 余种著述中，绝大部分涉及了明清中西文化交通的内容。当然，除此之外也还有其他属于这一研究领域的著述。因此，他于中外文化交通史的研究也实有创始之功。在他的倡导、鼓励和影响下，我国的中外交通史研究在 20 世纪上半叶开始崛起，与陈垣有学术往来的张星烺、方豪、冯承钧、向达等学者在此领域独领风骚，留下了不少优秀的作品。以上几人之中，又以方豪和张星烺受陈垣的影响最大。方豪是陈垣的私淑弟子，他称自己并未在大学读书，主要依靠自己向大师求教，"陈援庵先生通信讨论达二十余年，启迪最多"[2]。张星烺编纂《中西交通史料汇编》的过程中，也有多信与陈垣往返讨教和商榷学术问题，此后则曾被陈垣聘为辅仁大学的历史系教授兼

---

[1] 陈高华：《陈垣与元代基督教史研究》，见《励耘学术承习录：纪念陈垣先生诞辰 120 周年》，北京师范大学出版社 2000 年版，第 43 页。

[2] 方豪：《方豪六十自定稿》补编，台湾学生书局 1969 年版，第 2599—2600 页。

系主任。中外文化交通史研究在 20 世纪后半叶得到更为长足的发展，并不断衍生出如西方汉学史这样新兴的分支学科，这些都与陈垣的导引和提倡有关。著名的海外汉学研究专家张西平就指出："对这一课题的研究在国内是由陈垣、张星烺、向达、方豪、朱谦之、阎宗临这些前辈学者所开辟的。"[1]

陈垣在历史文献学领域的成就突出表现在将前人的文献考辨经验，系统总结为各门具有法则和范例的，可供传授、便于研习和成长的专学，从而为历史学分支学科的确立奠定了学理基础，这些学理阐述成为他的史学思想中熠熠闪光的结晶。他在目录、版本、校勘等专学领域不仅有深厚的根基，而且将这些传统专学置于科学方法的规范之中，从而赋予传统学问以新的生命活力，其中"校勘四法"的科学总结就是典型的范例。他在发展、完善传统之学以外，更为后学创辟新域，开设年代学、避讳学、史源学等新学科，丰富了历史文献学的内涵。20 世纪 80 年代以后，中国的文献学在确立以后得以迅速发展，取得显著成就，

[1] 张西平：《应重视对西方早期汉学的研究》，见《东西流水总相逢》，生活·读书·新知三联书店 2010 年版，第 79 页。

并逐步形成一门具有中国风格的优秀学科，这都是得益于陈垣导夫先路的建基和示范。

五、倡导刻苦治学与严谨创新的优良学风

陈垣不仅在宗教史、元史、历史文献学等领域为20世纪中国史学作出开创性的贡献，而且以身体力行的优良学风，垂示风范，影响了几代学人。陈垣是一位学者，也是一位卓越的教育家。除了以身作则，他还在著述中，或者利用各种与青年学子交流的机会，倡导刻苦治学、严谨创新的优良学风。这些谆谆教诲，也是他的史学思想的重要内容。

总括陈垣所提倡的优良学风，大致可归纳为几点：一是刻苦治学，持之以恒；二是实事求是，言必有据；三是不说空话，力求创新；四是谦虚谨慎，精益求精。

陈垣治学，一丝不苟，从来不走捷径、图省事。他搜集材料，主张竭泽而渔，材料不到手，不动笔写文章。有人问他读书治学有何秘诀，他肯定地说，没有秘诀，"如果说有秘诀的话，那就可以说是要有决

心，有恒心，刻苦钻研，循序渐进"[1]。他立论评说，言简意赅，实事求是，就是在提倡政治思想挂帅的时期，他依然贯彻实事求是的学风，在史学研究和史学论著中不搞形式主义和教条主义的套用。比如，他在1956 年所作的《中国历史要籍介绍及选读一书审查意见》中，就批评了一些形式主义的做法，指出该书在历史要籍后所加"需要我们批判的来理解""需要我们批判的来领会"的按语意义不大。他认为，"其实所介绍的历史要籍除几种工具书外，何一不应批判的理解"，如果要批判，就应有真实具体的内容，光贴"批判"的标签，"似可不必"[2]。他在 1957 年所作《论科学的考据与旧考据的不同一文审查意见》中，更是批评了那种从教条主义出发、不切实际地否定史学传统和遗产的做法。他说："旧考据有不科学的，但也有科学的，不能一笔抹煞。故此文题目只能说科学的考据与不科学的考据不同，不能说'科学的考据与旧考据的

---

[1] 陈垣:《和青年同学谈读书》，见《陈垣全集》第 22 册，安徽大学出版社 2009 年版，第 726 页。

[2] 陈垣:《中国历史要籍介绍及选读一书审查意见》，见《陈垣学术论文集》第二集，中华书局 1982 年版，第 460 页。

不同'。"他在指出该文提法不妥之后，又说："诚如此文所标志，容易令人误会，以为旧考据都是要不得的。引言中又提到'顾炎武的《日知录》完全为封建统治者服务；赵翼的《廿二史札记》骂农民革命为盗为贼'。这都是时代的关系，无可苛求。如果说这些都是要不得的，那我们就无历史可看，更无前人文化遗产可继承。"[1] 这种辩证地、切合实际地对待史学传统和遗产的论述，反映出陈垣对唯物史观精髓的把握；在 20 世纪 50 年代后期，他对于学术界一些过"左"的行为做出如此冷静、客观的分析，实在是难能可贵的。

陈垣著书立说，务求自得创新。他曾明确地指出："凡论文必须有新发现，或新解释，方于人有用。"[2] "新发现、新解释"正是陈垣学术之魅力所在，如他在宗教史论著中对诸多问题的考证辨析，文献学研究中对校勘四法和避讳学的总结，他的《中西回史日历》和《二十史朔闰表》在年代学上的贡献，《元西域人华化

---

[1] 陈垣：《论科学的考据与旧考据的不同一文审查意见》，见《陈垣学术论文集》第二集，中华书局 1982 年版，第 471—472 页。

[2] 陈智超编注：《陈垣来往书信集（增订本）》，生活·读书·新知三联书店 2010 年版，第 1109 页。

考》对文化史、中西交通史研究的开拓，《通鉴胡注表微》对胡三省身世、史法和思想的论述，等等，都在各个研究领域里开一代风气，有独特创获。他谦虚谨慎，在发表论著前，总要再三修改；论著发表后，对别人所提意见，更是从善如流，虚心接受。陈垣说，文章"做得容易，打磨则更费时日"[1]。他发表文章总是慎之又慎，在发表之前常经过数次修改。比如，"《佛教考》已印至第五卷，随印随改，颇有增补"[2]。《释氏疑年录》在撰写完竣之后，他无意中发现某处藏《嘉兴藏》一部，有清初语录 200 余种，塔铭可采者甚多，则又改写了书中的第十一卷和第十二卷，并将此视为"意外收获"[3]，丝毫没有因多次修改而厌烦。已经出版的著作，如发现新材料，陈垣也一定加以补充修订，如他为《元也里可温教考》增订再版时写道："是稿出版仅三月，续获资料几及倍，其中复有有力之证

[1] 李瑚：《励耘书屋受业偶记》，见《励耘书屋问学记（增订本）》，生活・读书・新知三联书店 2006 年版，第 223 页。

[2] 陈智超编注：《陈垣来往书信集（增订本）》，生活・读书・新知三联书店 2010 年版，第 1117 页。

[3] 陈智超编注：《陈垣来往书信集（增订本）》，生活・读书・新知三联书店 2010 年版，第 1105 页。

据数条，不敢不亟谋增订再版，以遗同志。"除了对作品的自我修改，他还常求教于他人。陈垣认为"文成必须有不客气之诤友指摘之"[1]，他的文章要给三种人看："比自己高明的、与自己平辈的、自己的学生"[2]，看完之后最好要给他提出各种意见，"只要找出个标点错，就好；有字抄错，小好；有引文错了，那是大好"[3]。1962年6月2日，他在《光明日报》上发表《关于徐光启著作中的一个可疑的书名》，认为徐光启《徐氏庖言》的"庖言"疑为"厄言"或"危言"之误。他的学生王重民见报后，旋即来信告知，已见明刻书影上"庖言"二字无误；大概是徐氏在礼部为官时替兵部练兵，故将汇集此期奏稿的集子称为"庖言"，意为代庖之言。陈垣认为此说可通，即又在6月9日的《光明日报》上发表《关于徐氏庖言》一文，消除自己的疑问，

---

[1] 陈智超编注：《陈垣来往书信集（增订本）》，生活·读书·新知三联书店2010年版，第1109页。

[2] 刘乃和：《书屋而今号励耘》，见《励耘书屋问学记（增订本）》，生活·读书·新知三联书店2006年版，第183页。

[3] 柴德赓：《陈垣的学识》，见《励耘书屋问学记（增订本）》，生活·读书·新知三联书店2006年版，第91页。

认可了原来的书名 [1]。

学术研究是一项极其艰难的工作，是需要有奋斗精神、严谨态度和创新勇气相伴的崇高事业。学风不但反映学者的道德风尚，也是一个学者能否在学术事业中有所创获的关键。因此，陈垣所倡导的优良学风和他所取得的丰硕学术成果是有必然联系的。在这方面，他为 20 世纪的中国史学做出了榜样。他所倡导的刻苦求实、严谨创新、谦虚谨慎的优良学风，对于匡正史学界所存在的某些浮躁、虚假风气，仍然发挥着重要的作用。

六、余论

马克思主义史学在中国的确立和发展，是 20 世纪中国史学的一件大事。五四运动前后，一批具有共产主义思想的知识分子在传播马克思主义的过程中，对唯物史观理论进行了系统宣传，奠定了中国马克思主义史学的基础。李大钊是中国马克思主义史学的创

---

[1] 刘乃和、周少川、王明泽、邓瑞全：《陈垣年谱配图长编》，辽海出版社 2000 年版，第 801、802 页。

始人，从1920年起，他先后在北京大学等校开设"唯物史观研究""史学思想史"等课程。1924年，他的《史学要论》由商务印书馆出版，该书为中国马克思主义的历史学理论体系构建了基本框架。此后，经由郭沫若、范文澜、吕振羽、翦伯赞、侯外庐等大批马克思主义史学家的辛勤开拓，到20世纪40年代末，马克思主义史学在中国已经有了一支强大的队伍，在中国史学界形成风气。1949年新中国成立以后，马克思主义唯物史观的指导地位得到确立。学习唯物史观，作为史学研究的指导，基本上成为大多数史学工作者在研究中的一种自觉。从1949年到1966年"文化大革命"前，中国史学界运用马克思主义研究中国历史的问题，在探索中国历史进程、历史特点，思考中国历史发展的动力，评价历史人物，讨论史学工作的"以论带史"与"论从史出"、"厚古薄今"还是"厚今薄古"等若干重大问题上，取得了进展，为20世纪末期中国史学的发展打下了基础。

陈垣是明确表示他学习和接受马克思主义史学的。1949年，他在《给胡适之一封公开信》中，说他读了毛泽东的《新民主主义论》等著作，"我也初步研究了辩证唯物论和历史唯物论，使我对历史有了新的见解，确定了今后治学的方向"[1]。这些并非虚言，此时距离北京解放已 100 余天。从后来的大量回忆文章可以看到，陈垣在北京解放前夕已从他的一些思想进步的学生中了解了共产党和解放区的情况。北京解放后 100 余天内，他阅读了大量马列和毛泽东的著作，参加学马列讲座，思想有了很大的变化。他的思想转变，也绝非一时的冲动或应景之变，是有其深刻思想渊源的。这源于陈垣心中的爱国精神和中国史学经世致用的优良传统。早在 20 世纪三四十年代，他就着意提倡"有意义之史学"，著书立说斥敌斥伪，用史学服务于抗日斗争。当时的爱国史学也形成一种潮流，一批爱国史学家积极宣传抗日或转而从事与国难边防有关的史学研究。比如，顾颉刚就创办《禹贡半月刊》和"禹贡学会"，为抗日救亡而从事边疆史地的研究。延安的进步史学家更是高举史学为抗日建国服务的旗帜。吴玉章说："历史是革命斗争的有力工具"，"因为，这能百倍地坚强我们的奋斗的信心和给我们以获得胜

---

[1] 陈垣：《给胡适之一封公开信》，《人民日报》1949 年 5 月 11 日。

利的必需条件的知识"[1]。吕振羽在他的《中国社会史诸问题》序言中指出："为'抗战建国'的神圣事业服务的新史学，也进入了一个新阶段。"他们所表现出的爱国精神和民族意识，被陈垣引为同调。抗战胜利后，国民党政府的腐败，使中国前途渺茫，让陈垣痛心和失望。1949 年北京解放以后，他看到军队纪律严明，干部勤劳朴实，共产党为人民利益着想，他看到国家和民族新兴的希望。因此他自觉服从共产党的领导，接受马克思主义史学的思想，这是他的爱国思想合乎逻辑的发展结果。当然，陈垣的史学能够较快地转变，他周围的进步学者和学生也起到促进的作用。比如马克思主义史学家范文澜是他相识的旧友，1929 年范文澜就被陈垣聘请到辅仁大学史学系任教，讲授《正史概论》。1930 年，范氏以"共党嫌疑"被捕，因陈垣与北京各大学的名教授联名营救而获释。1949 年后，二人恢复了联系，陈垣给胡适的公开信就是经范文澜修改后送去发表的。1951 年 3 月，《新建设》杂志编辑部请在京著名史学家午餐座谈，席间陈垣还对范文澜

---

[1] 吴玉章:《中国历史大纲》，见《吴玉章文集》下，重庆出版社 1987 年版，第 809 页。

半开玩笑半认真地说："你要负些责任，早不告我马列主义，使我几年来摸索。今老矣，不能再有成就，精力枉费，实在可惜。"[1]

陈垣参与了 1949 年以后中国历史学科的建设和当时一些历史重大问题的讨论。他学习马克思主义唯物史观，史学思想发生了一些变化。一是学习认识社会发展规律，并从中认识到人民群众在历史中的主要作用。二是确立了学术为社会服务，为人民大众服务的思想。三是在学习马克思主义史学思想的同时，坚持实事求是的学风，不搞形式主义和教条主义的套用。虽然陈垣接受马克思主义史学理论时已届古稀之年，未能运用唯物史观在历史研究上取得重大突破，但是他在晚年仍着意追求新思想，甘当小学生的精神，使史学界深为感佩。白寿彝说："他去世时，邵循正先生挽词说：'稽古到高年，终随革命崇今用。校雠捐故技，不为乾嘉作殿军。'这都描画出当年援庵先生不断要求进步的心情。"他认为，陈垣与时俱进的精神，"已给

---

[1] 刘乃和、周少川、王明泽、邓瑞全：《陈垣年谱配图长编》，辽海出版社 2000 年版，第 583 页。

我们作出了很好的榜样"[1]。总之，他晚年对马克思主义唯物史观的初识和接受，应是陈垣史学与20世纪中国史学共奋进的一道亮丽风景。

图8　1963年11月7日，陈垣与中华书局陈乃乾畅谈，掀髯大笑

（原载《史学史研究》2019年第2期）

---

[1] 白寿彝：《要继承这份遗产》，见《励耘书屋问学记（增订本）》，生活·读书·新知三联书店2006年版，第110页。

陈垣的优良学风

北京师范大学原校长陈垣先生是我国著名的史学家和教育家，在 20 世纪中国史学的发展进程中，陈先生不仅在宗教史、元史、历史文献学等领域为中国史学作出了开创性的贡献，而且以他刻苦的治学精神和优良的学风，影响了代代学人。

一、励志耕耘　刻苦治学

陈垣先生的优良学风，是在长期刻苦治学的过程中逐步形成的，因此，刻苦钻研、坚韧不拔、持之以恒是他特别提倡的学风。他经常告诫青年学子要注意读书治学的长期性和艰苦性，学术上没有捷径可走，不要企图"毕其功于一役"。20 世纪 50 年代末，在

"大跃进"冒进思潮的影响下，学校里也出现了浮躁的学风。为了端正风气，陈垣先生连续在报刊上发表文章，和青年学生谈读书和治学，他说："有人问我读书有什么秘诀，我想读书并没有什么秘诀，如果说有秘诀的话，那就可以说是要有决心、有恒心，刻苦钻研，循序渐进……任何学问，都是靠较长期的积累得来的。"他回忆起自己年少读书时，也是靠刻苦自励来克服诸多困难的。他说，那时家乡方圆数百里内，找不到一部二十四史，后来有个本家买了一部，他就经常在夜里打着灯笼，去借阅这部二十四史。[1] 他 30 多岁时开始研究《四库全书》，每天从北京城西南的住处到城东北的京师图书馆看书，由于交通不便，路上要耗费三四个小时。在前后近十年的时间里，他不辞奔波之苦，认真了解、研究了这部几万册的大丛书。50 多岁时，他为了阅读《嘉兴藏》，深入到潮湿尘封、蚊虫肆虐的秘室，为预防蚊虫叮咬传上疟疾，每次都要服用奎宁才去阅"藏"。80 多岁时，他应佛教协会之邀赶写《佛牙故事》，不顾三伏酷暑，亲自查阅内、外

---

[1] 陈垣:《和青年同学谈读书》,《中国青年》1959 年第 12 期。

典文献，实在太热时，便用两条湿毛巾轮番披在肩上以增凉意。[1] 他正是以这种刻苦顽强、持之以恒的精神，数十年如一日地撰写了 20 部专著和近 200 篇论文，留下了恢宏的史学成果。陈先生有诗曰："寒宗也是农家子，书屋而今号励耘。"他以"励耘"号书斋，正是表达了自己要像稼穑一样治学，深耕细作，业精于勤。"励耘"是他刻苦治学学风的真实写照。

二、言必有据　实事求是

实事求是是中国史家治学的优良传统，清代学者钱大昕就认为："通儒之学，必自实事求是始。"陈垣先生继承了这种史学传统，结合近代科学的实证精神，在他的史学研究中，自始至终贯彻着实事求是的学风。他提出"欲实事求是，非考证不可"[2]"欲实事求是，非有精密之中西长历为工具不可"[3]，而最突出的一点是，

---

[1]　刘乃和：《励耘承学录》，北京师范大学出版社 1992 年版，第 74—76 页。

[2]　陈垣：《通鉴胡注表微·考证篇》，辽宁教育出版社 1997 年版。

[3]　陈垣：《中西回史日历·自序》，民国间铅印本。

他提倡著书立说，言必有据。在进行学术研究时，陈垣先生非常重视对资料的搜集，材料不到手，不动笔写文章。他常用"竭泽而渔"来形容专题研究时力求全面地占有材料。搜集材料只是工作的第一步，要真正做到实事求是，还必须认真考辨材料，在"求是"上下功夫。他所发明的"史源学"，就是专门指导学生对史料进行鉴别和考辨。他所有的著作，也都是在广泛收集材料，去粗取精、去伪存真的基础上完成的。比如，他写《旧五代史辑本发覆》，收集材料极多，积累的稿本有三尺多厚，但经删繁去复，最后仅用194条，文章写成也只有2万多字；他写著名的《元西域人华化考》一书，稿本有三四大捆，经再三锤炼，完成时也仅7万多字。[1] 恩格斯说："即使只是在一个单独的历史事例上发展唯物主义的观点，也是一项要求多年冷静钻研的科学工作，因为很明显，在这里只说空话是无济于事的，只有靠大量的、批判地审查过的、充分地掌握了的历史资料，才能解决这样的任务。"[2]

[1] 刘乃和：《励耘承学录》，北京师范大学出版社1992年版，第82页。
[2] 卡尔·马克思：《政治经济学批判》，见《马克思恩格斯选集》，人民出版社1995年版，第118页。

陈垣先生就是这样严谨的、实事求是的学者。他曾把学术创作分为三步，收集材料、考辨材料和论述成文。他指出前两步工作须占 8/10 的时间，只有确实可据的材料和实事求是的研究，才能经得起时间的考验，"草草成文，无佳文可言也"[1]。

三、不说闲话　力求创新

文风是学风的具体表现，陈垣先生特别重视树立优良的文风。他的著作和论文，无论是题目的确定，还是谋篇布局、遣词用句，处处皆独运匠心。启功先生曾说："陈老师对文风的要求，一向是极端严格的。字句的精简，逻辑的严密，从来一丝不苟。"[2] 在历史的文字表述方面，唐代史学家刘知几主张"文而不丽，质而非野"。陈垣先生则更强调历史表述的质朴、通达和简洁，他说："写作应当像顾炎武的《日知

[1] 陈乐素、陈智超编校：《陈垣史学论著选》，上海人民出版社 1981 年版，第 628 页。

[2] 启功：《夫子循循然善诱人》，见《励耘书屋问学记》，生活·读书·新知三联书店 1982 年版，第 103 页。

录》，一字一句能够表达就不要再写出第二个字第二句话。"[1] 他主张写文章要去浮词、去空谈，反对言之无物、废话连篇的不良文风。1961 年，他在中国科学院历史研究所二所的学术会议上谈到文风的问题，他说："现在有些学术性论文，空论太多，闲话不少，有时看到报上的一些文章，登了满满一整版，而细细分析一下，如果把重复的、空洞的话去掉，就可以省掉一半。""言之无物的文章最好是少写，看起来太费眼力，更重要的是太费时间。"最后他提出："我以为，发表的文章，最低要求应当：一、理要讲清楚，使人心里服；二、话要讲明白，使人看得懂；三、闲话不说，或者少说。"[2] 这是一次匡正文风、针砭时弊的重要讲话，陈先生所提出的关于学术文章的几条基本要求，至今仍可作为我们规范学术论文文风的标准。

在反对言之无物、空谈闲话，主张言简意赅的同时，陈先生还身体力行地提倡创新、自得的学风。他曾明确地指出："凡论文必须有新发现，或新解释，方

---

[1] 蔡尚思：《陈垣先生的学术贡献》，见《励耘书屋问学记》，生活·读书·新知三联书店 1982 年版，第 23 页。

[2] 陈垣：《谈谈文风和资料》，《光明日报》1961 年 3 月 16 日。

于人有用。"[1] "新发现""新解释"是陈垣学术之魅力所在。他对也里可温教、摩尼教、火祆教、一赐乐业教的考证，对基督教、伊斯兰教入华史略的阐述，对宋金间河北新道教、明季遗民逃禅等事迹的揭示，对佛教史籍的叙录和辨析，对校勘四法和避讳学的总结；他的《中西回史日历》和《二十史朔闰表》在年代学上的贡献，《元西域人华化考》对文化史、中西交通史研究的开拓，《通鉴胡注表微》对胡三省身世、史法和思想的论述；等等，都在各个研究领域里开一代风气，供后人取法。陈垣先生在宗教史、元史、历史文献学等学科领域的建树和创获，是他倡导创新学风的有力见证。

四、谦虚谨慎　精益求精

陈垣先生虽早就以其学识和功力蜚声学界，但他却始终保持谦虚谨慎、精益求精的学风。他对于已完成的论文或著作，不是急于拿去发表，而总是多方征

---

[1] 陈乐素、陈智超编校:《陈垣史学论著选》，上海人民出版社 1981年版，第 628 页。

求意见，反复进行修改，以求臻于至善。他曾收集不少清代学者的手稿，如王念孙的《广雅疏正》，钱大昕的《廿二史考异》残稿，认真揣摩他们修改的过程，从中吸取治学的经验。他说，"文成必须有不客气之诤友指摘之"，"直谅多闻之友不易得，当以诚意求之"。20世纪二三十年代，他完成的文章常找伦明、胡适、陈寅恪等人提意见。抗战烽起，诸友散处四方，但如他在家书中所说的，一篇《汤若望与木陈忞》写成后，还是请过10个人反复参阅，指摘其中不足之处[1]。他常对人说，文章写成要找三种人看：比自己高明的、与自己平辈的和自己的学生，以便吸取各方面的意见。他常鼓励学生给自己的著作提意见，到了晚年，还常写信夸奖能对自己的论点进行商榷的晚辈，认为这样做尤合"旧学商量邃加密"之意[2]。他对别人所提的意见，总是从善如流，认真改正，并经常在著作中明文答谢朋友或后辈为自己提供材料或意见的帮助。这些

[1] 陈乐素、陈智超编校：《陈垣史学论著选》，上海人民出版社1981年版，第627—628页。

[2] 陈智超编注：《陈垣来往书信集》，上海古籍出版社1990年版，第809页。

方面，都体现出他虚怀若谷、不掠人之美的高尚品德。

陈垣先生对于发表论著，总是非常慎重。他主张文章写成"要多置时日"，一方面可以不断补充新的材料，一方面则可留待时间的考验，若干年后再回头审视，看文章的论点是否依然成立。他生前就有不少著作虽已完成，但仍想修订至善或因慎重起见而终未发表的。例如，20世纪30年代他写的《汉以来新氏族略》一书，因不拟刊行，后来连书稿也都缺佚了；50年代他完成的《日知录校注》，也未及面世。此外，他还留存一些未发表的文稿，这些都是有待将来整理出版，以供学界传承的。

学术研究是一项极其艰苦的工作，是需要有奋斗精神、严谨态度和创新勇气相伴的崇高事业。因此，学风不但反映学者的道德风尚，而且也是一个学者能否在学术事业中有所创获的关键。在这方面，陈垣先生为后代学人做出了榜样。他一生耕耘所留下的丰硕的学术成果，以及刻苦、求实、严谨、创新的优良学风，是我们受用不尽的宝贵遗产。让我们继承陈垣先生的史学成就，学习和发扬他所倡导的优良学风，努力营造有利于学术发展的良好环境和风气，以推动中国历史学在新世纪的不断繁荣和进步。

图 9　1965 年 6 月 27 日，陈垣与前来看望他的同事、弟子合影。前排坐者为柴德赓，后排左起为赖家度、许大龄、张润英、陈桂英、刘乃和

（原载《北京师范大学校友通讯》第 26 期。另曾精简，以《陈垣先生的优良学风》为题发表于《光明日报》2000 年 11 月 10 日）

周少川教授谈陈垣先生
——《中国书房》访谈记

　　晚清民国时期，在西潮的涌动中，学人们开始了艰难的学术探索。陈垣先生作为民国时期史学研究的泰山北斗，在吸收西方学术方法的同时还发扬了乾嘉考据的实证主义精神，在中国原有的学术土壤上生发出了新的枝芽，为后世学人定下了遵循客观规律的校勘学、考证学典范。陈垣先生的杰出研究在一定程度上改变了中国自晚清以来的史学发展的面貌。

图 10　陈垣（1880—1971）

【书房】周老师，您好！最近几年，从影视传媒到书籍报刊，兴起了一股“民国热”，大众对民国时期的学术大师们也产生了浓厚的兴趣。想知道您是怎么看待这种现象的？

【周少川】这些年，我国在自然科技领域有了很大的进步，人民生活水平也不断地提高。很自然地，民众就会开始关注人文科学，他们希望在这个领域里也能涌现出学术大师。即便现在有一些优秀学者，可是大家仍然觉得还不够，所以就会追溯到民国期间。

民国时期，确实有许多大师级的学者，这和时代背景有很大关系。当时社会处于新旧转型的过渡阶段，一方面人们从旧时代、旧制度中解放出来；另一方面"睁眼看世界"，主动接触新鲜的事物，联系日益紧密。在这样的时代大变动中，就容易出现新成果，这是形势使然。

到了今天，民国时期的学者，诸如陈垣、陈寅恪、梁启超、胡适、蔡元培等，他们的思想至今还有很多东西可以借鉴。我最近两年在从事陈垣史学思想的研究，他的《元西域人华化考》等著作，里面涵盖了他的文化史观，比如中外文化交流体现的文化包容，对中华文化的弘扬，都是很重要的理论。

【书房】一般来说，民国时期，学术也有"新""老"之分，之前大家的关注点主要集中在"五四"新文化时期产生的新派学术上，但"民国热"兴起之后，有越来越多的人开始关注老派学术，像马一浮、沈曾植等人，似乎更受追捧了。

【周少川】我们国家现在大力弘扬发展优秀传统文化，而这些老派学人对传统文化的继承，无论是思想还是文化方面，都有很深厚的积淀，所以会产生这种现象。

不过像马一浮先生，也不能说是完全的"老派"，事实上马一浮也吸收了近代西方的一些先进的科学文化知识；再比如陈垣，他早年的治学是围绕乾嘉考据学派来做的，但他对这种老派学术不是一味地继承，也做到了扬弃，特别是用近代科学的研究方法，对乾嘉考据学加以提升和总结。

还有，人们往往有误区：认为只有这些老派学者会研究传统的学问，其实很多所谓"新派"的学者，像胡适他们，对传统旧学掌握得很深。胡适讲过整理国故，就是在说传统学问的继承，他的很多细致的思考就是从旧学里面提炼、引申出来的。

【书房】胡适传统文化功底很深，禅宗、文献、版本、考据等，这些看起来很"传统"的学问，他都有深入的研究。

【周少川】对，他们的旧学底子都很好，胡适研究

《红楼梦》《水经注》，晚年还到处搜集《水经注》的各种版本，跟陈垣之前还有过很多讨论。所以我们不能认为某个学者是新派的，老派的东西他就不接受，其实这些学者在旧学方面的成就也需要去好好总结。

【书房】对于民国学者的新老分类，大多都会把陈垣归为老派学者，比如桑兵先生写的《晚清民国的学人与学术》，关于中国近代的新史学家里，就没有提到陈垣。

【周少川】对，陈垣通常会被归为传统考据学者。

【书房】那您怎么看陈垣先生在新史学研究方面"新"的成就？

【周少川】那是有的。比如在中外文化交流方面，陈垣对中外文化交流史、宗教史的研究，都可以说是"新"的，因为这使用的是近代科学研究方法。当时国内外很多学者都很认可他在这方面的研究，像法国学者伯希和、日本学者桑原骘藏。桑原读了陈垣的著作后，包括《元西域人华化考》《元也里可温教考》《摩尼教入中国考》，写的书评就认为陈垣的研究是科学的。

拿《元西域人华化考》来说，陈垣在开头就作了明确的概念界定：什么叫"西域"，元代西域的范围是多大，同汉代的西域有什么区别，什么叫"华化"，等等。此外还有一些学术研究的回顾，相当于现在的研究综述，所以桑原认为这是科学的治学方法。陈寅恪也说过："严格言之，中国乙部之中几无完善之宗教史，然其有之，实自近岁新会陈援庵先生之著述始。"这也能说明陈垣做的是科学的宗教史研究。

因此，陈垣是用新学来开展对中西文化史、宗教史的研究的。而在旧学上，像历史文献学，当时叫考据学，包括目录、版本、校勘、史源学等，他也是使用了近代科学的方法去归纳总结的。

像乾嘉考据学，当时都是各家做各家的学问，就是各家各法，很少有人做系统的学科性总结。一方面没有这种为学风气，另一方面那个时候治学都有一种"自私"，所谓"鸳鸯绣出从君看，不把金针度与人"，你看我绣得很好就可以了，我不能教你怎么绣，教会徒弟师父就没饭吃了。

此外关于校勘，在清代就有很多校法，像死校、活校、内校、外校、物校、理校，这对学者治学来说是很混乱的，因为没有一个共理和法则。陈垣的一大贡献，便是用近代科学的学理来归纳，使其成为一门有法则、有凡例、有学理的专学，在新式教育中可以传授给学生。中国的考据学传统可以追溯几千年，但总会出现一些断档或者反复，就是因为缺乏学理。

【书房】前辈学者，如王念孙、俞樾也做过校勘凡例，也有一定的"学理性"，他们与陈垣的具体区别是什么？

【周少川】他们也做过，但都很碎片化。王、俞这些学者总结的主要是一些致误通例。所谓"致误通例"，就是他们将古人、古书中容易出现的错误归纳成十几或几十种，比如因形近而误、音近而误、抄写或者避讳有误等。但致误通例只是校勘学的一部分，或者说比较边缘的一部分，并不是最核心的学理。

【书房】那最核心的学理是什么呢？

【周少川】最核心的学理就是校勘四法，即陈垣把校勘学整体进行了梳理、归纳后总结出的四种通用方

法：对校法、本校法、他校法、理校法。所谓对校法
就是用同一种书的此本和别本对校，校出各本异同；
本校法就是用一本书的前后互证，发现不同，判断内
容的对错；他校法是指用其他材料来校勘一本书，比
如同一事件的不同记载或者书籍之间的互相征引等。
这里面理校法是最难的，因为在校勘书籍时，资料极
端缺乏，只能根据校勘者本人的古籍、音韵、训诂、
历史、典故等知识来判断书中内容的正误。一般来说，
理校必须慎重、慎用。

【书房】在我们印象中，学术大师要么是书香世家，
要么有名师指点。我们知道陈垣先生幼年读过《书目
答问》，也曾中过清朝的秀才。那他有受过名师的教
导吗？

【周少川】陈垣接触到的一些老师都不是特别有
名，像读私塾时的冯掞微、彭绰余，也都是一般的私
塾先生。刘家和先生就讲过，"陈垣的学问，百家之学"，
他是一名自学成才的学者。

【书房】梁启超与陈垣同为广东新会人，还有康有

为也是广东的前辈学者。他们与陈垣有过交往吗？

【周少川】梁启超和陈垣是老乡，离得很近，但是他们只是会看彼此的一些书，并没有接触过。像陈垣看过梁启超的《中国历史研究法》，应该是互相了解一些基本情况，梁启超的名气毕竟比陈垣要大，康有为对陈垣也没有什么影响。

【书房】陈垣最初学习的是西医，他是怎样从学医转变到治史的呢？

【周少川】学习西医是和当时的风气有关系，民国那一批学人认为要救中国，先要救身体，让中国人身体强壮起来，不再被称为"东亚病夫"。然而现实情况是中国人不仅身体弱，在思想方面也落后，所以他们又纷纷转向思想救国。

陈垣就是先学医，后来再办报，有了一定社会影响力，被选为议员，就投身政界。并且南方交通系的重要人物、民国政务总理的梁士诒对他影响很大，梁士诒希望陈垣从政。

做了几年议员的陈垣没能实现理想，又被牵扯进曹锟贿选这样的大案中，这让他非常懊悔，因为他也是被哄骗进去的。后来他就慢慢地脱离政治了。事实上陈垣在 1922 年任教育次长的时候，就已经开始在北大授课了。

【书房】在教育部任职的这段时间对陈垣有什么特别的影响吗？

【周少川】陈垣在教育界人脉那么广，就跟他做过教育次长有关。他辞职后就决心不再从政，致力于学术研究。他从学医到治史，中间有一个从政的过程，30 多岁才正经去做学问。

【书房】陈垣虽然经历革命的浪潮，但治学还是偏向传统，这也是比较有趣的现象。

【周少川】这个和陈垣的经历、学术渊源是有关系的，他接触的基本都是旧式教育，像私塾、廪学，读过的《书目答问》《四库全书总目提要》《二十四史》也都是传统书籍。

他出生在传统家庭，自小生活在乡间。不过广东在当时比较开放，许多现实事物和人们的思想都处于新旧之间。在这一点上他和陈寅恪差不多，所谓"不新不旧不古不今"。陈垣参加过同盟会，也学过西医，接触了新的理念，但是治学还是偏向于传统旧学。

【书房】相对于陈寅恪比较疏离行事的风格，陈垣早年在行事上似乎比较激进，晚年就变得相对保守一些。

【周少川】这也和二陈的出身不同有关。

陈寅恪出生在官宦之家，13岁就跟着他哥去日本念书，两年以后就成了官费日本留学生，20岁又成了官费德国留学生，他的人生路途显得很通畅。

而陈垣出生在一个药农家庭，自称"老夫本是农家子"，书房的名字"励耘书屋"也跟农事有关。当然陈垣家种药材、经营药铺做得比较好，算是小康之家，但毕竟他生活在农村，对底层生活了解得比较透彻。小时候在农村干过农活，十几岁自己出来教书。

他参与的反清、反帝活动，和他的亲身经历是有关系的，他去美国人开的教会医学学院上学，受过外国人的歧视和排挤，这就很容易让他生出一种想去改变处境的愿望，所以早年就投身到政治活动中。而他生活的广州地区一直都是孙中山的革命根据地，很容易接触到革命党人，接受新思想、参加同盟会、办进步报纸等。

陈寅恪就很排斥政治方面的东西，对政事就很疏远。这也可以理解，毕竟他曾经比较安稳的生活是被革命打乱、破坏了的。为什么他能对王国维这些清代遗民那么同情，甚至大加歌颂，其实与他自己的情况、境遇都是一脉相连的。陈寅恪不会去反对任何政权，但也没有兴趣参与。

陈垣晚年也不能说保守。按治学路子讲，他是喜欢旧学，喜欢传统的史学，中年开始致力于学术，便一直保持这种研究方向，一直持续到晚年。

【书房】提及陈垣的学术，就不得不提及"史源学"，这几乎和"校勘学"一起，成为他的学术代称。关于史源学您能简单介绍一下吗？

【周少川】史源学实际上是一门综合考证之学，即对史料进行考证的学问。很多人不知道把史源学怎么归类，事实上史源学是史料学中的分支学科。

"史源"，顾名思义就是追踪史料的来源，也就是我们所说的寻找第一手材料。通过史料的来源判断治学之人引用史料是否准确、规范，是不是第一手材料，再判断他在这条材料上建立起来的论点、论据是不是可靠。

从程序上来讲，有这么几个步骤：第一，追踪史源；第二，分析史料的优劣；第三，判断史料运用得是否准确。因为有人会断章取义，有人会在无意中去失了部分或全部的史料，通过这三步可以判断一个人的理论是否正确。

另外，史源学涉及引用史料的规范问题。今天，很多人在写文章的时候断章取义、掐头去尾，不注明出处甚至伪造材料，所以史源学对我们治学是非常重要的。

陈垣讲史源学有几个原则。

第一个，是他说的"毋信人之言，人实诳汝"。这是讲做学问要提倡怀疑精神。法律上讲究无罪推论，但在史学研究上是反过来的，先做"有罪推论"，再步步求证。

第二个，实事求是的方法。陈垣把史料分成几层关系，用了一个鲜明的比喻：史料有"爷爷辈的""父亲辈的"和"孙子辈的"，这实际上就是第一手材料、第二手材料、第三手材料的关系，体现的是严谨的治学态度。

第三个，陈垣认为在治学的过程中，发现别人有错误、有问题的时候要心平气和，保持一种求学以肃、问学以肃的态度，关于这点，他批评过清代学者王鸣盛出口伤人、自以为是。

陈垣的史源学讲的基本就是这样一些研究程序和原则精神。

【书房】史源学作为基础性的学问，不容易被大众理解、接受，民众听到史源、校勘这一类的词，可能感觉很陌生。

【周少川】"史源""校勘"，听起来很遥远，其实同生活还是有一些关系的。

现在对历史感兴趣的人有很多，谈到历史就会涉及事件真和假、真说还是戏说的问题，这就和校勘学有联系了。陈垣说过"日读误书而不知，未为善学也"，你努力学习，整天读的书却是错误百出，这能出好学问吗？当然不能，因为你一开始就被误导了。

我们知道中国古籍有的传承了几千年，在传承过程中有多种原因使记载出现错误：有的是在传抄的过程中不小心抄错了；有的是因为水、火等自然因素让它残缺或者字迹模糊了；有的是人为的篡改。为了订正古籍中的错误就需要校勘，这些在校勘学中通常被归纳为四种：衍、脱、讹、倒，就是多了字句的、去字的、错的、两个字弄颠倒的。

有些校勘学的问题和日常生活也有很大联系，比如医书。明代有人记录了一个著名的故事。有一天，名医戴元礼碰见一个人从一家诊所里出来，医生追出来交代，说别忘了熬药的时候加一点"锡"。戴元礼听着很奇怪，熬药怎么还要加点锡？这是金属啊！他就去问这个医生。医生拿出医书来给他看，说书上就是这么写的。实际上，是书籍传抄的时候写错了。原本是"饧"，就是麦芽糖，字形相近，抄的时候写错了，写成了"锡"。本来意思是熬药的时候加一点麦芽糖，做药引子。"饣"变成"钅"，这是"讹"，就是错字。

有的字是缺失了。《汉书》中记载，说古文《尚书》是孔安国在天汉年间献给朝廷的。但是按照《史记》记载，天汉年间，孔安国早就去世了，不可能去献书。后来通过校勘发现《汉纪》（东汉史学家荀悦将《汉书》

改写为《汉纪》）里面记载的是"孔安国家"献书，少了个"家"字，这就是"脱"。

再比如《后汉书》记载，郑玄说"吾家旧贫，不为父母群弟所容"。这就存在疑问，郑玄是一位名儒，他应该是深谙诗礼之学，怎么会"不为父母群弟所容"呢？后来清代的学者阮元等人，根据出土的金朝重刻唐代碑文来考证，这个"不"是多出来的，所以这句话的意思就是郑玄虽然家里很穷，但是父母兄弟都包容他，供他读书。这是"衍"。

还有就是"倒"，《元典章》里有句话叫"每月五十五日"，一个月不可能有五十五天，陈垣校勘以后，发现应该是"每五月十五日"，这一字之差意思就错得太大了。

虽然对于普通民众来说，在平时的文化学习中不一定接触得到校勘学，但是像郑玄、孔安国、中医这样一些比较为人熟知的，还是需要明辨的。

史源学就更重要了，平常一个传说，或者随便给你讲一个故事，如果你去考证这个来源，不就能够明确真相了吗？所以我认为史源学和校勘学虽然是文献学的古老学问，但是有时候还是和日常生活、文化生活密切相关的。

【书房】不管是史源还是校勘，背后都有一种质疑的精神，但大多在这方面都会有所缺失，或者是不在意。

【周少川】其实考订史源是很有趣味的。为什么很多史学家在考据中能够得到乐趣呢？这实际上就跟解方程式一样，通过一个求知的过程，弄明白了一个史实的来龙去脉，就会豁然开朗，喜悦非常。

【书房】在民国时期许多优秀学人都有自己的学术特长和治学倾向。在陈垣的学术交往中，傅斯年是不是很对他的胃口？

【周少川】是，他对陈垣很尊敬。傅斯年属于史料派，认为史学就是史料学。他在主持史语所的时候就邀请陈垣参与，但陈垣因为当校长没有太多的精力就婉拒了。他在书信里对陈垣的评价很高，认为当时在世界上有影响的中国学者一个是王国维，另一个就是陈垣，所以他希望陈垣能在史料这方面对发展中国学术、中国史学多出力，多作贡献。

【书房】傅斯年和陈垣有过什么学术往来吗？

【周少川】傅斯年保存的明清档案，都是陈垣帮忙弄来的，那时候陈垣在教育部当次长。明清内库档案是民国时期史料的重大发现，本来这些东西要被当作废纸处理的，陈垣就给当时的国务政府总理许世英写信，说希望这些档案能由北大接收，许世英和陈垣相熟，很快就批准了。陈垣还同北大的一些学者去整理研究，直到把档案转给史语所。后来傅斯年给陈垣还写过一封信，请他参与史语所的研究工作。

【书房】吕思勉和钱穆经常被人拿来同陈垣、陈寅恪并称，他们之间有没有学术渊源？

【周少川】他们之间好像没有太多的往来，经常放在一起是因为有位史学家叫严耕望，他把吕思勉、钱穆还有"二陈"合称为"史学四大家"，其实这只是一家之言。民国的史学大家有很多，像傅斯年就不能不提。按理说，钱穆还要比其他三人小一辈，他实际上是吕思勉的学生。

这四个人中陈垣年龄最大，吕思勉比陈垣小几岁，但去世比较早。两个人治学的路数不太一样，吕思勉的治学比较宏阔，做通史的东西比较多，像《中国通史》《先秦史》之类。他的著作不是特别多，其中有影响力的也不是特别多，甚至可能还不如钱穆。钱穆后来在台湾，随着"新儒家"兴起的风潮，在年轻知识群体中流行起来，影响力就比较大一些。

钱穆主要是做传统史学，他确实做得不错，还有就是做思想史、民国史，以及儒学的东西，有的学者把他划入新儒家的范围，但陈垣是不涉及这些的。

在吕、钱、"二陈"四人之中，恐怕只有陈寅恪可以和陈垣比肩，其他两人还是稍逊的。

【书房】那么胡适和顾颉刚呢？

【周少川】顾颉刚跟陈垣做过同事，包括他们当时在燕京国学所的时候也是在一块儿的。顾颉刚比陈垣要小 13 岁，胡适也比陈垣小 10 来岁。顾颉刚其实只比胡适小两岁。"二十四史"的整理工作最初是陈垣负责，陈垣去世后就交给顾颉刚了。

【书房】相比其他人而言，陈垣的知名度要小得多。

【周少川】现在的民众谈起陈寅恪就显得比较"时尚"，大家也比较愿意讨论，他那种特立独行、远离政治的性格，包括一些不合作的态度，都比较容易引起一些话题和谈资，民众会觉得这是一个有棱有角，或者说一个比较有风骨的人物。研究陈寅恪学术的人很多，但有的则是借助陈寅恪的话题来表达自己的一些观念和情感。

【书房】其实我们也能看出来，知名度和"话题性"有关。大家耳熟能详的，主要还是民国学者的"学术八卦"，很少有人去了解他们的思想、学问到底是什么。

【周少川】对，这些谈得比较多，容易引起一些话题。将钱穆列入新儒家就是20世纪八九十年代"国学热"的结果，讲"儒学"的特别多，港台地区新儒家兴起，所以钱穆的东西提得比较多，这是和"时尚"有一些关系的。

【书房】陈垣先生的花边新闻、逸闻趣事都少一点。

【周少川】他和主流可能走得比较近一点，加上他为人又谨慎，就没有什么更多的谈资。我觉得一些政

治方面的因素也产生了一些影响，特别是 20 世纪 80
年代，台湾的一些学者，他们有意打压陈垣。台湾的《传
记文学》杂志，曾经发过一两篇攻击陈垣的文章。把
学人弄成政治话题，这就没意思了。当然从学术上讲，
对陈垣的宣传、研究还很不足，这也是原因之一。

【书房】陈垣先生知名度小，也可能跟他的学术太
扎实、太基础有关。

【周少川】陈垣的一些学问现在很难传承，比如说
古教研究，像摩尼教、火祆教，这些都是消亡的古教，
相关材料很难找出来。

【书房】陈垣的另一个身份，是"老校长"，很多
人是从启功先生口中知道陈垣先生的。陈垣也是一位
教育家，在辅仁大学任校长的时候培养了很多的学生，
比较知名的有"陈门四翰林"，您能简单介绍一下吗？

【周少川】"陈门四翰林"有柴德赓、启功、余逊、
周祖谟，他们都很有学问。

在辅仁的时候，陈垣特别重视大一国文的教学，
所有的学生不管文理科都要去上，这门课是陈垣亲自

讲授的，像柴德赓、启功、余逊、周祖谟都上过这门课，经常因为这门课到陈垣那里去讨论、请教，所以久而久之就有了这么个称号。

柴德赓和余逊是史学家。余逊的父亲是余嘉锡，是著名的文献学家。余逊很有才华，可惜早就去世了。周祖谟主要是研究文字、音韵、训诂，一直在北大。然后就是启功。这四个人有一个共同的特点：传统文化的造诣都很深，诗、书都很棒，尤其是柴德赓的书法和诗词，有的人甚至说他的字写得比启功的还要好。

【书房】想再问您一个老生常谈的问题：学习历史会有哪些意义？

【周少川】从我个人来讲，意义有三个方面：一是资政，就是有助于政治；第二就是育人，不管是育别人还是育自己，身心修养也好，教育他人也好，都是有用处的；还有一个就是记史，这也是它本来的功能。

北师大有位著名史学家白寿彝，他也一直在讨论历史的意义和作用。他认为历史的作用古人很早就在讨论了，《周易》里面就讲到"君子多识前言往行，以畜其德"。"以畜其德"不只是修养道德的问题，也包括历史修养、知识修养。所以历史对人心性的养成，也是有重要作用的。

司马迁在《史记》里面写"寓论断于序事"，他的很多文章，特别是一些人物传记，就把自己的褒贬精神包含在历史记载里。或者说，他会把中华民族逐渐沉淀下来的一种道德规范、理想的修养规范，内化在史书之中，通过对活生生的人物的记载，告诉你哪些做得对，哪些做得错，起到一个扬善贬恶的作用。这对中国后代的史学家影响很大。

【书房】康德认为人的道德根源是宗教。是不是可以这样说：中国人没有宗教，我们道德的根源就是历史？

【周少川】是的，中国人确实是依靠历史树立道德观念的。孔子以来便是这样，你去了解历史，历史就会提示你什么该做，什么不该做。

古人讲"古训是式"，为什么中国人那么喜欢历史，说白了就是从历史中吸取经验教训，从历史中得到做人修养的一些法则。中国人的思维和意识，没有欧洲那种宗教迷狂的过程，虽然很多人信这信那，但中国历史上，不存在像欧洲中世纪那样处于宗教迷狂的状态、疯狂信仰一种宗教的时代。没有宗教，中国人的思想修养或者寄托从哪里来啊？那就是历史，历史的好处也就在这个地方。

　　文字整理：大生、刘师豪。

　　大生，又名刘蟾，"80后"作家，《中国书房》执行主编。研究方向为佛教思想、中国古代思想史。出版《诗经密码》《悬崖边的名士》《诗说中国》等。

　　刘诗豪，毕业于湖南师范大学历史学专业，现为《中国书房》编辑部编辑。

　　（原载许石如主编：《中国书房》第四卷，西泠印社出版社 2018 年版）